Tanja Draxler

Achtsame Klangschalen-Spiele

Spielerisch Ruhe und Entspannungsfähigkeit in Kita und Grundschule fördern

Impressum

Autorin Tanja Draxler
Lektorin Uta Koßmagk
Fotos Tanja Draxler-Zenz u. a.
Covergestaltung PERCEPTO mediengestaltung
Art Direction design + co, Tina Meffert
Layout & Satz design + co
Bildbe arbeitung WPix, Wolfgang Paucksch
Druck Grafik Media Produktionsmanagement, Köln

ISBN 978-3-96046-301-6

Inhalt

Vorwort

Unsere Welt wird immer schneller und lauter. Somit ist es verständlich, das als Gegenpol dazu das Bedürfnis nach Stille und Entspannung sowie ruhigen Klängen immer mehr zunimmt.

Neben verschiedenen Entspannungstechniken für Kinder hat sich auch die Integrative Klangpädagogik entwickelt. Hier wird mit obertonreichen Klanginstrumenten, wie der Klangschale, dem Gong, der Klangkugel, dem Monochord und verschiedenen Trommeln gearbeitet.

In diesem Buch wird es um die Klangschale gehen. In vielen Kindergärten, Schulen und Familien gehören Klangschalen schon zum festen Bestandteil, denn in einer Klangschale schlummern ungeahnte pädagogische und entspannende Möglichkeiten. Oft ist dies den Erwachsenen nicht bewusst, und somit wird sie als Dekorationsstück in eine Ecke gestellt.

Um der Klangschale ihren rechtmäßig zugesprochenen Platz zu geben und Ihnen viele Spielideen nahe zu bringen, ist dieses Buch entstanden. Sie finden eine Fülle von Ideen und Anregungen, ganz gleich, ob Sie die Schale zu Hause, im Kindergarten, in der Schule oder in einer Praxis einsetzen möchten.

In diesem Buch finden Sie neben kleineren und rasch umzusetzenden Spielmöglichkeiten auch eine Anleitung zu einer kompletten Kinderklangmassage sowie Stundenbilder zu Themen wie „Die wundersame Verwandlung“ oder „Meine Füße“. Das Buch richtet sich sowohl an AnfängerInnen, die den ersten Kontakt mit einer Klangschale aufnehmen möchten sowie an fortgeschrittene KlanganwenderInnen, die neue und frische Ideen für ihre Praxis suchen.

Vor allem sollten die Klangschalen aber Freude bringen und dazu einladen, innere Räume zu entdecken. Sie sollen Möglichkeiten zur Entspannung und einen Ausgleich zur oft lauten Welt anbieten.

Einleitung

Achtsamkeit und Entspannung erleben

Wir alle sind zunehmender Reizüberflutung, Leistungsdruck und Stress ausgesetzt. Nicht immer haben wir in ausreichendem Maß die Möglichkeit, unsere Eindrücke und Erfahrungen angemessen zu verarbeiten. Das gilt für uns Erwachsene genauso wie für Kinder. Vieles davon verdrängen wir, es wirkt dann im Unterbewusstsein weiter, Störungen im geistig-seelischen Bereich können die Folge sein und äußern sich zunächst in Form von Aggressivität, Konzentrationsschwäche, Unruhe oder Schlafstörungen. Es ist deshalb sinnvoll, schon Kindern Möglichkeiten zu bieten, Ruhephasen und Stille-Oasen zu erleben. Diese Fähigkeit kommt oft nicht mehr von alleine, kann aber erlernt werden.

Entspannung

Ein angespannter Körper wird unablässig versuchen, sein Gleichgewicht wieder herzustellen. Somit müssen die meisten von uns wahrscheinlich täglich daran arbeiten, den Zustand körperlicher Entspannung und des Wohlbefindens wieder zu erneuern. Tun wir das nicht, kommt es zu Symptomen wie Kopfschmerzen, Bauchschmerzen, Schlafstörungen oder Übelkeit.

Sind wir entspannt und gelöst, so haben wir auch einen guten Kontakt zu uns selbst. Alles was von außen auf uns einwirkt, kann uns nicht so schnell aus der Ruhe bringen. Um ganz bei uns selbst zu sein, müssen unser Körper und auch unser Geist einigermaßen entspannt sein. Die obertonreichen Klänge einer Klangschale lösen sehr rasch Entspannung aus. Deshalb bietet sie sich für Spiele dieser Art so hervorragend an.

Ich habe im Laufe meiner beruflichen Praxis viele verschiedene „Entspannungstechniken" kennengelernt. Vieles, was ich mit den Kindern erprobte, las sich in der Beschreibung wunderbar. In der Praxis sah es dann ganz anders aus. Einige Methoden waren den Kindern zu fremd und für sie in der Praxis schwer umzusetzen, sodass ich manches bald wieder zur Seite legte.

Mit der Klangschale erlebte ich neue Möglichkeiten, um mit Kindern gemeinsam zur Ruhe zu kommen, Achtsamkeit zu üben und zu entspannen, ohne dass das Gefühl dominierte, etwas zu üben. Es passierte einfach, während des Spielens. Oft ohne, dass wir über Entspannung sprachen oder Stille das Ziel der Übung sein sollte, entspannten sich die Kinder. Die Klangschale schien die Kinder zu verzaubern, auf eine unaufdringliche Weise einzuladen in die Welt der inneren Wahrnehmungen. Je öfter wir damit „spielten", desto leichter kamen die Kinder in diese Entspannung. Sie übten eine neue Kompetenz, die genauso wichtig ist wie rationales Denken und Handeln.

Entspannung bedeutet, dass physische und psychische Anspannung aufgelöst wird. Wir fühlen uns in diesem Zustand sehr wohl. Körper, Geist und Seele kommen in Balance. Jeglicher Druck und jegliche Anspannung fallen ab. Kinder üben mithilfe der klangpädagogischen Entspannungseinheiten, selbst achtsam darauf zu werden, wenn sie unter Anspannung stehen. Dies sind sehr wichtige Eigenschaften, um das eigene Körpergefühl zu schulen.

Achtsamkeit

Achtsamkeit kann geübt werden. Sie kann uns helfen, den Herausforderungen des Lebens freudvoller, ruhiger und gelassener zu begegnen. Achtsamkeit bedeutet, ganz bei sich und bei der Sache zu sein. Sich nicht von jeder Kleinigkeit, die von außen auf uns zukommt, ablenken zu lassen. Aber warum ist das besonders in der heutigen Zeit so wichtig? Was unterscheidet die Erfahrungen, mit denen wir uns in diesem Buch beschäftigen von anderen Erfahrungen, die wir oft im Alltag machen?

Unsere Tage sind meist geprägt von Hektik und Eile. Dies betrifft mittlerweile nicht mehr nur uns Erwachsene, sondern auch immer mehr Kinder. Einen wesentlichen Einfluss auf innerliche Unruhe hat vor allem auch Lärm, von dem wir ständig umgeben sind.

Öffnen Sie für einige Minuten ein Fenster, setzen Sie sich ruhig hin und schließen Sie Ihre Augen. Nehmen Sie einfach einmal wahr, was Sie alles hören können. Spannend ist vor allem die Frage, welche Geräusche haben einen natürlichen und welche einen künstlichen Ursprung? Meistens überwiegen künstliche Klangquellen, wie Straßenlärm, Rasenmäher oder Radio. Suchen Sie zum Beispiel in der freien Natur einen Ort, an dem kein Straßenlärm zu hören ist. Dies wird immer schwieriger.

Mittlerweile gibt es schon zahlreiche Studien darüber, welche negativen Auswirkungen Lärm und Stress auf uns Menschen hat. Vor allem ist ein gestresster Körper nicht mehr entspannt. Dieses Angespanntsein wird natürlich noch von weiteren Faktoren verstärkt, wie Fernsehen, Computerspielen, ungesunder Ernährung und Bewegungsmangel.

Bei vielen Übungen in diesem Buch spielt die körperliche Entspannung eine wichtige Rolle. Mit der Klangschale lassen sich aber auch sehr einfache, dennoch höchst effektive Spiele zur Körperwahrnehmung und Achtsamkeitsschulung durchführen. Wenn die Kinder schon früh lernen, zu der äußeren Welt mit all ihren Einflüssen als Gegengewicht eine innere Welt zu erfahren, werden sie ein stärkeres Urvertrauen und Selbstbewusstsein ins Erwachsenenalter mitnehmen. Wir wissen: je besser sich ein Kind selbst wahrnehmen kann, desto besser kann es auch andere wahrnehmen und deren Bedürfnisse verstehen.

Die Übungen und Spiele mit der Klangschale sind jedoch keine Tricks, die Kinder still zu bekommen. Sie sind ein Angebot, Erfahrungen zu machen, etwas in sich zu entdecken. Somit können wir bei der Arbeit mit Klängen etwas entdecken, das immer da ist, wir aber oft nicht wahrnehmen können. Niemals wird dabei die Ruhe, die Aufmerksamkeit oder das Loslassen von außen gefordert oder gar erzwungen, sondern stattdessen gemeinsam gesucht und erfahren.

Was können Kinder entdecken, wenn sie diese Erfahrungen erleben dürfen?

Die Kinder können:

- sich dabei selbst entdecken.
- sich entspannen und wohlfühlen.
- ihre eigene ursprüngliche Lebendigkeit erleben.
- zuhören, hinhören und lauschen.
- erleben, dass sie um ihrer selbst willen angenommen sind.
- innere Fülle, Kraft und Lebendigkeit spüren.
- ihr Selbstbewusstsein und Selbstwertgefühl stärken.
- Vertrauen und Geborgenheit erleben.
- ihre Potentiale entdecken und stärken.
- eine Quelle inneren Glücks finden.

Was schulen die Kinder dabei?

- Konzentration
- Fantasie
- Kreativität
- Wahrnehmung von Klang, Musik und Schwingung
- den Ausdruck ihrer Gefühle
- Wahrnehmung des eigenen Körpers
- die eigenen Bedürfnisse besser kennenzulernen

Spannung und Entspannung im Wechsel

Unser Leben verläuft in Zyklen und Rhythmen. Um unser inneres Gleichgewicht zu finden und innere Harmonie zu erleben, sollten wir diese Rhythmen beachten und respektieren. Das Laute gehört zum Leisen, die Spannung zur Entspannung und die Bewegung zur Ruhe. Auch das tägliche Erleben der Kinder ist im Idealfall in diese natürlichen Kreisläufe eingebettet.

Leider treffen viele Kinder vermehrt auf Aktivität, Spannung und Lärm. Sie entgleisen somit regelrecht aus ihrem Inneren. Kein Kind kann den ganzen Tag über aktiv sein – außer es wird von einer Aktion zur nächsten geschickt, ohne dass ihm zwischendurch eine Pause gegönnt wird. Die Kinder werden dadurch überdreht und übermüden, können dies aber nicht artikulieren. Sie beginnen zu schreien und zu toben, werden aggressiv oder können abends nicht einschlafen.

Deshalb sollten wir Erwachsenen Kindern vermehrt Möglichkeiten für Ruhepausen schaffen und Orte der Stille anbieten. Die Angebote mit der Klangschale können auf spielerische Art und Weise solche Erfahrungen ermöglichen. Erlebnisse und Emotionen können dabei verarbeitet und eingeordnet werden.

Kinder besitzen natürlich einen angeborenen Bewegungsdrang. Gesunde Kinder erleben in der Regel großen Spaß an Bewegung und sie ist für ihre Persönlichkeitsentwicklung von sehr großer Bedeutung. Deshalb ist es auch sehr wichtig, nach den eher ruhigen Spieleinheiten mit der Klangschale Raum zum Hüpfen, Springen oder Toben zur Verfügung zu stellen. Es empfiehlt sich ebenso, vor den Ruheübungen Möglichkeiten für motorische Aktivitäten zu schaffen, damit das anschließende Ruheangebot entspannter und ruhiger abläuft.

Vor allem dieser Wechsel von Bewegung und Entspannung ist so wichtig für die Entwicklung der Kinder. Er führt sie jeden Tag aufs Neue in ihre Mitte zurück und ist bedeutend für ihr körperliches und geistiges Gleichgewicht.

Das Spiel im Mittelpunkt

Das Spiel und die damit verbundene Kreativität stehen im Mittelpunkt beim Spiel mit der Klangschale. Alle Kinder spielen gerne. Wird es ihnen genommen, so hat dies schwerwiegende Folgen für die weitere Entwicklung. Das kindliche Spiel ist die ursprünglichste Form des Lernens überhaupt.

Oft hören Kinder schon sehr früh auf, die Welt spielend zu erfahren. Sie lernen, dass Mathematik wird mehr mit Intelligenz in Verbindung gebracht wird, als das Malen eines Bildes oder das Spielen eines Instrumentes. Das Spiel mit der Klangschale kann uns die Welt wieder mit neuen Augen sehen lassen, denn die Welt will begriffen und gespürt werden. Ich lade Sie ein, mit Ihren Kindern spielerisch die Welt der Klänge zu entdecken und wünsche Ihnen viel Zeit, um sich darin zu vertiefen.

Vom Umgang mit der Kreativität

Zu den Spielen mit der Klangschale gehört natürlich auch die Freude an der Kreativität. Es macht wenig Sinn, alle Spiele ohne Anpassung an die vorgegebene Situation aus dem Buch zu übernehmen.

Je nachdem, welche Gegebenheiten Sie vorfinden, können Sie entweder einzelne Elemente weglassen oder andere wieder hinzufügen. Dazu gehört Mut zur Kreativität.

Manche Menschen haben übertriebene Vorstellungen von Kreativität. Oft ist die Meinung verbreitet, dass Kreativität etwas mit außergewöhnlichen Taten zu tun hätte oder mit herausragenden Leistungen. Wir können aber täglich kreativ sein, auch mit nur sehr kleinen Dingen, die wir erschaffen oder neu kreieren. Das kann eine kleine Veränderung in einem Kochrezept sein oder indem wir einen gewohnten Arbeitsablauf abwandeln.

Wagen Sie diesen Schritt, die Spiele miteinander zu kombinieren und, auf die Gegebenheiten und Bedürfnisse der Kinder eingehend, zu verändern.

Die Rolle des Erwachsenen

Damit sich Kinder auf die Arbeit mit der Klangschale einlassen können, ist es wichtig, dass Sie die Übungen aus diesem Buch vorab schon an sich selbst ausprobiert haben. Ihre Grundeinstellung sollte sein, dass Sie Freude daran haben, den Kindern etwas Gutes zu vermitteln.

Sie können sich aus den Übungen als Erwachsener selbst nicht herausnehmen. Die Kinder erspüren Ihre innere Einstellung und diese wird somit als förderlich oder hinderlich wahrgenommen. Sie sind dafür da, den Kindern einen Raum zur Verfügung zu stellen, in dem sie sich mit Hilfe der Klänge entfalten können. Sie sollten die Kinder weder belehren noch „ruhig stellen", auch ein „Psssst!" ist meist nicht angebracht. Laden Sie die Kinder ein, mit Ihnen gemeinsam die Welt der Klangschale zu entdecken, und wenn nicht der richtige Zeitpunkt für Ruhe und Entspannung ist, dann seien Sie flexibel und lassen Sie sich etwas „Bewegteres" einfallen.

Es geht um ein spielerisches Erleben von Achtsamkeit und Entspannung, ohne Zwang und Druck. Denn unter solchen Voraussetzungen können sich innere Räume kaum öffnen. Leben Sie eine entspannte Haltung vor. Gehen Sie mit Neugier und offen für das, was kommen mag, in die Stunde. Lassen Sie sich überraschen von den Einfällen und der Kreativität der Kinder. Vielleicht kann etwas ganz Neues entstehen, etwas, dass in diesem Buch nicht beschrieben wird. Ich freue mich auf Ihre Rückmeldungen!

Übung macht den Meister

In unserer Gesellschaft nimmt das rationale Denken einen enormen Stellenwert ein. Kinder sollen sich in diesen Fähigkeiten üben. Vormittags in der Schule, am Nachmittag bei den Hausaufgaben. Wir sind uns dessen sehr bewusst, dass „Übung den Meister macht".

Im Bereich Entspannung und Körperwahrnehmung wird jedoch noch immer zu wenig Wert auf Übung gelegt. Aber gerade auch diese Fähigkeiten können oder sollten ebenso geübt werden.

Der Gehirnforscher Gerald Hüther erklärt, dass jede Reaktion eine synaptische Verschaltung der betreffenden Neuronen im Gehirn nach sich zieht. Mit jeder Wiederholung der Reaktion wird diese neuronale Verschaltung stärker gebahnt; schließlich wird aus dem Trampelpfad an Nervenzellen eine neuronale Autobahn. Und diese Autobahn ist so breit und bequem, dass wir sie irgendwann automatisch benutzen. Wird mit Kindern in regelmäßigen Abständen die Entspannung und verschiedene Übungen zur Körperwahrnehmung spielerisch erlebt, läuft vieles davon im Alltag automatisch ab. Und es ist doch sicherlich von Vorteil, in vielen Situationen des Lebens entspannt und gelassen reagieren zu können. Also üben, wiederholen, anbieten, erleben!

Alles schwingt

Das französische „ton" und das lateinische „tonus" bedeuten „Klang". Töne entstehen durch das Vibrieren von Gegenständen. Sie werden gezupft, gekratzt, geschüttelt, gestrichen oder angeblasen. Dadurch kommen sie ins Schwingen.

Wir unterscheiden zwischen lauten und leisen Tönen. Je stärker die Vibration, desto lauter die Töne. Die Tonhöhe selbst ändert sich durch die Größe des Gegenstandes sowie durch die Schnelligkeit der Vibration.

Tiefe Klänge entstehen durch langsamere und dickere Gegenstände, hohe Klänge durch schnelle Schwingungen und kleine Gegenstände. Töne bilden Schallwellen, die von der Luft oder anderen unterschiedlichen Trägern weitergeleitet werden. Das Trommelfell in den Ohren wird von diesen Schallwellen in Schwingung versetzt und die Impulse an das Gehirn weitergeleitet. Genau diese Vibrationen können wir nicht nur hören, sondern auch fühlen und manchmal auch sehen.

In der Wissenschaft wird zwischen Geräuschen, Klängen und Tönen unterschieden. Wenn wir z. B. klatschen, entstehen unregelmäßige Luftschwingungen. Diese werden als Geräusch bezeichnet. Der Klang der Triangel besteht aus mehreren unterschiedlichen, jedoch gleichmäßigen Luftschwingungen. Die Flöte gibt eine einzelne, gleichmäßige Luftschwingung wieder, diese wird somit als Ton bezeichnet.

Obertöne

Obertöne sind überall, sodass wir sie kaum bewusst wahrnehmen. Spielen wir ein Instrument an, so wird die niedrigste Frequenz als Grundton wahrgenommen. Die anderen Teiltöne sind die Obertöne und bestimmen die Klangfarbe des jeweils angespielten Instrumentes.

Gäbe es keine Obertöne, könnten wir eine Geige nicht von einer Flöte unterscheiden. Auch die Stimmen von verschiedenen Personen können wir nur anhand der Obertöne auseinanderhalten.

Die Klangschale gehört zu den Klanginstrumenten, die besonders obertonreich sind, ebenso wie der Gong oder das Monochord. Diese Instrumente berühren uns sehr tief und öffnen unsere Herzen.

In verschiedenen Regionen der Welt werden nach wie vor besonders obertonreiche Instrumente zum Musizieren eingesetzt. In Indien z. B. gibt es die Sitar oder die Tanpura. In Australien wird auf dem Didgeridoo, einem obertonreichen Blasinstrument, gespielt. In alpenländischen Regionen wurde ursprünglich gerne das Alphorn verwendet, um mit seinem obertonreichen Klang eine intensive Wirkung bei den Zuhörern zu erzielen.

Wie stellt man sich diese Obertöne vor?

Wird eine Gitarrensaite angezupft, so kann die Bewegung der Saite beobachtet werden. In der Mitte schwingt sie stark, zu den Enden hin nimmt die Schwingung ab. Dadurch wird ein Ton erzeugt. Es werden aber weitere Schwingungen vollzogen, die wir nicht bewusst sehen können. Somit besteht der Klang dieser Saite nicht nur aus sichtbaren Bewegungen, sondern aus bis zu 100 Tönen, die alle gleichzeitig klingen. Wir hören jedoch dennoch meist nur einen Gesamtton.

Der altgriechische Philosoph Pythagoras erforschte mit Hilfe eines Monochords die Obertonreihen. Er befasste sich mit dem Naturgesetz der Schwingung. Dieses Monochord bestand nur aus einer einzigen Saite, die über ein Holz gespannt wurde. Er drückte die Saite nieder, teilte sie und konnte somit die Schwingungsverhältnisse errechnen, die der Obertonreihe entsprechen.

Die Klangschale

Die Klangschale gehört zu den obertonreichsten Klanginstrumenten. Ihre Töne klingen lange nach. Sie fasziniert Groß und Klein. Sie ist so einfach in der Anwendung und dennoch so groß in ihrer Wirkung.

Ursprung

Klangschalen kommen ursprünglich aus Tibet, Indien, dem Himalajagebiet sowie China und Thailand. Sie werden mit einem Schlägel angeschlagen oder mit einem Reibholz am Rand entlang angerieben.

Es gibt unzählige verschiedene Klangschalen. Große, kleine, glänzende, matte, schön verzierte, sehr alte und ganz neue. Es gibt dünnwandige und dickere Schalen. Der Klang hängt von der Form, der Stärke des Randes sowie von der Zusammensetzung der Metalle ab.

Nicht alle Schalen eignen sich für den Einsatz bei der Arbeit mit Kindern. Ihr Klang sollte rein und angenehm sein. Sie sollte lange schwingen, ohne Nebengeräusche zu erzeugen. Viele Schalen gehen schon beim Transport in den großen Containern auf dem Schiff kaputt. Dies erkennen Sie jedoch nur bei genauerem Hinhören. Nehmen Sie sich Zeit beim Aussuchen einer Klangschale und vergewissern Sie sich, ob Sie für den Einsatz mit Kindern geeignet ist.

Zum Ursprung der Klangschalen gibt es verschiedene Überlieferungen. Wurden sie als Opferschalen, Bettelschalen der Mönche oder auch als Klangkörper verwendet? Das Geheimnis konnte bis heute noch nicht vollständig gelüftet werden. Sie wurden wahrscheinlich auch als Essgeschirr verwendet. Die enthaltenen Metalle und Mineralien waren eine Nahrungsergänzung zu der ansonsten sehr einseitigen Ernährung.

Klangschalen gehörten aber auch, ähnlich wie bei uns die Glocken, zum spirituellen Leben. Nomadenfamilien, die die Klangschalen herstellten, wanderten von Kloster zu Kloster, um den Mönchen die Klangschalen zu verkaufen oder tauschten sie gegen Essen und Kleidung. Sie wurden begleitend bei der Meditation eingesetzt. Die Schale wurde angerieben und die Mönche folgten mit ihren Gedanken dem Klang in die Stille.

Herstellung

Die meisten traditionellen Klangschalen werden aus einer Legierung von sieben Metallen hergestellt. Dazu werden die verschiedenen Rohmetalle in eine grobe Form gegossen. Das Metall wird anschließend im Feuer erhitzt. Mit schweren Hämmern wird das glühende Metall zu einer Schale getrieben. Dieser Vorgang wird sehr oft wiederholt. Das Heraustreiben der Schale bedarf starker, körperlicher Anstrengung und wird von geübten Arbeitern rhythmisch ausgeführt. Hat die Schale endlich die gewünschte Form, wird mit Hilfe elektrischer Maschinen der Feinschliff vollzogen. Dabei bekommt die Schale ihren metallenen Glanz. Von Menschenhand wird schließlich die letzte Politur vorgenommen. Die aufwendige Handarbeit wird somit überwiegend traditionell durchgeführt.

Klangschalen für die Arbeit mit diesem Buch

Die meisten Spiele in diesem Buch lassen sich mit einer Klangschale durchführen. Von Vorteil ist es, wenn Ihnen ein Set Klangschalen zur Verfügung steht.

Zu einem Set Klangschalen gehören in der Regel eine kleine Klangschale (ø ca. 10 – 15 cm), eine mittlere Klangschale (ø ca. 15 – 18 cm) und eine große Klangschale (ø ca. 18 – 24 cm). Das Set kann, wenn möglich, eine Assam- oder Zen-Klangschale ergänzen.

Bei manchen Spielen wird empfohlen, dass jedes Kind eine Klangschale zur Verfügung hat. Ist dies nicht möglich, können zu den vorhandenen Klangschalen ähnlich klingende Klanginstrumente wie Glöckchen, Schellen oder Triangeln verwendet werden.

Bei wenigen Spielen in diesem Buch wird eine sehr große Klangschale mit einem Durchmesser von mindestens 35 cm empfohlen. Vielleicht gibt es in der Nähe die Möglichkeit, sich eine solche Klangschale auszuleihen.

Prinzipiell eignen sich traditionelle tibetische Klangschalen ausgesprochen gut für Spiele und Übungen, wie sie in diesem Buch vorgestellt werden. Sie haben einen reinen Grundton und wunderschöne Obertöne. Sie zeichnen sich durch einen warmen und vollen Klang mit lang anhaltenden Schwingungen aus. Auch die Dicke der Klangschale nimmt Einfluss auf deren Klangqualität: je dickwandiger, desto linearer und präziser klingt der Ton.

Traditionelle Klangschalen haben eine breite Klangvielfalt und werden gern bei Meditationen, zur Entspannung oder in der Klangmassage eingesetzt.

Die meisten Spiele lassen sich mit einer mittleren Schalengröße (ø ca. 15 – 18 cm) umsetzen. Probieren Sie aber, wenn vorhanden, auch kleinere oder größere Schalen aus. Die Größe der Klangschale hat Einfluss auf ihren Klang – je größer die Klangschale ist, desto tiefer ihr Ton, je kleiner die Klangschale, desto höher ihr Ton.

Wenn Kinder bei Spielen die Klangschale in den Händen halten sollen, sollte der Durchmesser nicht mehr als 15 cm betragen und das Gewicht der Schale sollte unter 1 kg liegen. Wird die Klangschale auf den Boden gestellt oder am Körper aufgelegt, eignen sich Klangschalen mit einem Durchmesser zwischen 10 und 25 cm. Ihr Gewicht beträgt zwischen ca. 500 g bis zu 2 kg.

Die Art und Weise der Herstellung einer Klangschale ist ausschlaggebend für deren Klang. Somit unterscheiden sich tibetische Klangschalen, die getrieben werden, von gegossenen oder gedrehten Klangschalen deutlich. Getriebene Klangschalen haben einen warmen, weichen Klang, gegossene und gedrehte Klangschalen meistens einen hellen, sehr klaren Klang. Sie lassen sich mit einem kleinen Reibholz sehr gut anreiben aber auch anschlagen.

Assam-Klangschalen stammen aus der Region Assam oder Ost-Nepal. Zen-Klangschalen stammen aus Japan. Beide wiegen meist nicht mehr als 500 – 600 g und eignen sich auch sehr gut für einige Klangschalenspiele in diesem Buch.

Weitere Materialien

Je nachdem, ob eine Klangschale mit einem Schlägel oder einem Reibholz angespielt wird, können sehr unterschiedliche Töne erzeugt werden. Es gibt eine große Auswahl an unterschiedlichen Schlägeln.

Reibholz

Ursprünglich wurde für das Anreiben der Klangschale ein Reibholz verwendet. Die Klangschale symbolisiert die weibliche und das Reibholz die männliche Seite des Lebens. Nur gemeinsam kommen sie zum Klingen. Dazu wird das Reibholz relativ fest an den Rand der Schale gedrückt. Mit langsamen, kreisförmigen Bewegungen wird es um den Rand der Schale bewegt. Dies sollte nicht zu langsam, aber auch nicht zu schnell erfolgen. Die Schale beginnt auf wundersame Weise zu singen.

Kleinere Schalen können mit dem Reibholz auch „angeschlagen" werden. Dazu eignen sich dünn gepolsterte Lederklöppel. Zum Anspielen großer Schalen ist das Reibholz jedoch eher ungeeignet.

Schlägel

Der richtige Schlägel ist entscheidend für einen reinen, schönen Klang. Sie haben bestimmt verschiedene Schlägel anderer Klanginstrumente in Ihrer Einrichtung zur Verfügung. Spielen Sie mit ihnen die Klangschalen an, um ein Gespür für die verschiedenen Klangqualitäten zu bekommen.

Mit dem richtigen Schlägel wird die ganze Masse der Schale in Schwingung versetzt. Größere Schlägel eignen sich für große Klangschalen, kleinere Schlägel für kleine Klangschalen. Schlägel mit kurzen Griffen und Filzköpfen eignen sich am besten für die Arbeit mit Kindern. Somit ist in diesem Buch, wenn ein Schlägel empfohlen wird, ein Filzschlägel mit (kurzem) Griff gemeint.

Unterlage

Wird die Schale am Boden oder Tisch angespielt, ist die Unterlage entscheidend für einen schönen, reinen Klang. Es eignen sich dazu ein Tuch, eine Teppichfliese, ein kleines Kissen oder ein Ring. Sie können auch Ringe mit Bastumwicklung wählen, wie sie zum Herstellen von Adventskränzen erhältlich sind. Klangschalen sollten prinzipiell nicht auf einem Fliesen- oder Holzboden ohne Unterlage angespielt werden. Ein unangenehmes Nebengeräusch wirkt dabei sehr störend.

Erste Klangschalen-Spiele

Eine neue Klangschale

Ich habe euch was mitgebracht!

Wird eine Klangschale neu in einer Gruppe oder zu Hause eingeführt, empfiehlt es sich, ein kleines Ritual daraus zu gestalten.

Alter: ab 3 Jahren
Material: 1 Klangschale; 1 schönes Tuch

Legen Sie die Schale in die Mitte auf den Boden und verstecken Sie diese unter einem schönen Tuch. Erzählen Sie den Kindern, dass Sie heute etwas ganz Besonderes mitgebracht haben. Lassen Sie die Kinder unter das Tuch greifen und ertasten, was es sein könnte. Wird der dominanteste Sinn aller Sinne, das Sehen „ausgeschaltet", wird der zu betastende Gegenstand intensiver wahrgenommen. Wie fühlt es sich an? Kalt oder warm? Hart oder weich? Glatt oder rau?

Heben Sie danach gemeinsam das Tuch von der Schale. Wer kennt dieses Klanginstrument? Vielleicht haben ja einige Kinder auch eine Klangschale zu Hause?

Die Spielleitung erzählt:

Die Klangschale kommt von sehr weit her. Mit dem Flugzeug fliegst du einen ganzen Tag in Länder, die Indien oder Tibet heißen. Du musst sogar über das Meer fliegen, um dorthin zu gelangen. Stell dir vor, einige Menschen arbeiten sehr lange daran, bis eine Klangschale entstanden ist. Sie sitzen an einem Ofen mit heißem Feuer und müssen das Metall erwärmen und immer wieder mit dem Hammer fest darauf schlagen, bis nach vielen Stunden eine Klangschale entstanden ist. Dann werden die Schalen verpackt und in großen Containern mit dem Schiff über das Meer zu uns nach Europa transportiert. Wir haben hier also etwas sehr Wertvolles vor uns. Dementsprechend wollen wir auch damit umgehen.

Erklären Sie den Kindern, dass die Schale ab heute einen festen Platz in der Gruppe einnimmt und Sie viele schöne Spiele mit der Klangschale vorbereitet haben. Suchen Sie gemeinsam mit den Kindern einen Platz für die Schale. Die Regeln zur Handhabung des kostbaren Klanginstrumentes werden von Gruppe zu Gruppe unterschiedlich sein.

Es empfiehlt sich auf jeden Fall, den freien Zugang zur Klangschale erst dann zu erlauben, wenn die Kinder den richtigen Umgang mit diesem Klanginstrument erleben durften.

Was klingt denn da?

Eine weitere Möglichkeit, die Klangschale in einer Gruppe einzuführen, ist das folgende Ratespiel.

Alter: ab 4 Jahren
Material: 1 Klangschale; 1 Schlägel; 1 schönes Tuch oder 1 Schachtel; Zeichenblätter; Ölkreiden

Verstecken Sie die Klangschale unter einem Tuch oder in einer Schachtel. Jedes Kind bekommt ein Blatt Papier und Ölkreiden. Spielen Sie die Schale mit dem Schlägel an. Die Kinder lauschen und malen auf ihr Blatt Papier, wie dieses Instrument aussehen könnte. Welche Farbe hat das Instrument? Welche Form? Ist es groß oder klein?

Tauschen Sie sich mit den Kindern über ihre Ideen aus, bevor Sie die Klangschale aus ihrem Versteck hervorholen und noch einmal vor den Augen der Kinder anspielen.

Die Klangschale schwingt

Einer Klangschale können auf viele verschiedene Arten Töne entlockt werden.

Meine Schale, die will schwingen,
fängt dabei schön an zu klingen.
Selber werde ich ganz still,
weil ich die Klänge hören will.

Hände

Alter: ab 3 Jahren
Material: Klangschale(n)

Spielen Sie die Klangschale gemeinsam mit den Kindern mit den Fingern, Fingernägeln, Handflächen und Fäusten an. Welche verschiedenen Töne können der Klangschale dadurch entlockt werden? Haben die Kinder noch andere Ideen?

Schlägel

Alter: ab 3 Jahren
Material: 1 Klangschale; 1 Schlägel

Bei Klangmassagen, einer Klangreise oder bei den meisten Spielen in diesem Buch wird die Klangschale am besten mit einem Filzschlägel angespielt. Diesen gibt es in verschiedenen Größen und Stärken. Nicht alle eignen sich gleich gut, um aus einer Klangschale einen weichen, angenehmen Klang zu zaubern.

Die Kinder spielen die Klangschale im oberen Drittel an. Wird mit dem Schlägel zu fest und unkontrolliert auf die Klangschale geschlagen, können Sie die Kinder zu folgendem Experiment einladen:

Stell dir vor, dein Kopf ist jetzt die Klangschale. Klopfe einmal mit dem Schlägel auf deinen Kopf. Und zwar so, dass es nicht weh tut. Und jetzt probiere es mit derselben Anspielstärke noch einmal auf der Klangschale.

Tipp: Achten Sie darauf, dass kleine Klangschalen auf der flachen Hand gehalten werden. Berühren die Finger die Schale zu weit oben, kann sie nicht mehr klingen.

Reibholz

Alter: ab 5 Jahren
Material: 1 Klangschale; 1 Reibholz

Die ursprüngliche und traditionelle Anspieltechnik einer Klangschale ist das Anreiben mit

dem Reibholz. Das Reibholz wird dazu etwas fester am Außenrand der Klangschale entlang „gerieben". So kann die Klangschale zum Klingen gebracht werden. Trotzdem bedarf es bei der Arbeit mit den „Reibklöppeln", wie sie auch genannt werden, etwas an Geduld und Übung, da die meisten Klangschalen keinen ebenmäßig verlaufenden Rand haben.

Mund

Alter: ab 5 Jahren
Material: 1 Klangschale; 1 Reibholz

Die Kinder spielen die Klangschale mit einem Reibholz an. Sie führen die Schale nahe an ihren Mund. Am oberen Rand der Schale öffnen sie ihren Mund wie ein blubbernder Fisch. So fangen die Kinder die Klänge der Töne regelrecht ein. Beim Öffnen und Schließen des Mundes werden verschiedene Obertöne hörbar.

Gummiball

Alter: ab 5 Jahren
Material: 1 Klangschale; 1 Gummiball (Flummi)

Die Kinder legen einen Gummiball in die Klangschale und lassen diesen kreisen. Die Klangschale beginnt auf wundersame Weise zu klingen. Je länger und schneller der Gummiball kreist, desto lauter wird der Klang.

Elmar in der Klangschale

Elmar liebt Klangschalen. Am liebsten legt er sich zum Ausruhen in eine Klangschale und macht es sich richtig gemütlich darin. Wird die Schale auch noch angespielt und zum Klingen gebracht, dann ist es um Elmar geschehen. Er genießt, träumt und entspannt sich so richtig toll!

Alter: ab 3 Jahren
Material: 1 Klangschale, 1 Schlägel, 1 Kirschkernkissentier (hier Ente Elmar)

Für dieses Spiel benötigen Sie ein Tier, das mit Kirschkernen oder kleinen Steinchen gefüllt ist. Diese Tiere können rasch selbst hergestellt werden. Durch den Stoff können Kinderfinger die Kerne oder Steinchen ertasten. So werden die Sinne geschult.

Elmar wird in die Klangschale gelegt. Spielen Sie die Schale mit einem Schlägel behutsam an. Während Elmar in der Klangschale schlummert und die Kinder den Klängen lauschen, werden sie ganz nebenbei mit dem richtigen Umgang der Klangschale vertraut. Sie beobachten und sehen neugierig zu, wie die Schale immer wieder angespielt wird und sich Elmar dabei tief entspannt.

Wer möchte nun für Elmar die Klangschale anspielen?

Wir lernen uns kennen

Finden Kinder in einer Gruppe neu zusammen, kann die Klangschale dabei helfen, sich näher kennenzulernen. Die Größe der Gruppe kann dabei ganz unterschiedlich sein. Schön wäre es, wenn jedes Kind eine Klangschale und einen Schlägel in seinen Händen hält. Stehen für die folgenden Spiele nicht genügend Schalen in einer Gruppe zur Verfügung, können zusätzlich auch Klanginstrumente wie Rasseln, Schellen oder Glöckchen verwendet werden.

Ich heiße Johanna!

Alter: ab 3 Jahren
Material: pro Kind 1 Klangschale und 1 Schlägel (alternativ andere Klanginstrumente wie Glöckchen, Rasseln, Schellen, ...)

Die Kinder sitzen gemütlich auf Polsterkissen im Kreis. Jedes Kind hat eine Klangschale oder ein anderes Klanginstrument vor sich liegen. Ein Kind spielt sein Instrument und stellt sich dabei mit seinem Namen vor, z. B.: *„Ich heiße Johanna!“*. Alle anderen Kinder spielen nun auf ihrem Instrument und sagen *„Hallo Johanna!“* So stellt sich ein Kind nach dem anderen vor.

Variante ab 5 Jahren

Das Kind, das seinen Namen sagt, kann zusätzlich eine Information über sich weitergeben, wie z. B. *„Ich bin die Johanna und ich fahre gerne Rad“*. Alle spielen wieder auf ihren Instrumenten und antworten: *„Hallo Johanna, du fährst gerne Rad.“*

Auf diese Weise können die unterschiedlichsten Informationen an den Namen angehängt werden:

- *Was mag das Kind gerne?*
- *Was mag es gar nicht?*
- *Was ist seine Lieblingsfarbe?*
- *Was isst es gerne?*
- *Was ist sein Lieblingslied?*

Variante mit einer Klangschale

Ein Kind hält die Klangschale in seinen Händen, spielt sie mit dem Schlägel an und stellt sich mit seinem Namen vor. Die anderen Kinder antworten wie links beschrieben, aber ohne Instrumente. Danach wird die Klangschale an ein anderes Kind weitergereicht.

Hallo Erwin!

Alter: ab 4 Jahren
Material: pro Kind 1 Klangschale und 1 Schlägel (alternativ andere Klanginstrumente wie Glöckchen, Triangel, Schellen, ...)

Ein Kind hält (z. B.) eine Klangschale in seinen Händen, spielt sie an und ruft ein anderes Kind im Kreis bei seinem Namen: *„Hallo Erwin!"*. Alle warten, bis die Klangschale verklingt. Dann bringt das Kind die Schale zu Erwin. Erwin begrüßt als nächstes Hannah. Das Spiel geht weiter, bis alle Kinder an der Reihe waren.

Variante ab 5 Jahren

Das Spiel wird erweitert, indem die Kinder den Namen mit einem Kompliment verbinden, wie z. B. *„Hallo Erwin, dein Lachen gefällt mir"* oder *„Hallo Lisa, du hast schöne Sommersprossen"*. Die Kinder können sich dafür die verschiedensten Komplimente einfallen lassen.

Klangbegrüßung

Alter: ab 4 Jahren
Material: pro Kind 1 Klangschale und 1 Schlägel (alternativ andere Klanginstrumente wie Glöckchen, Schellen, ...)

Jedes Kind nimmt sich eine Klangschale. Jüngeren Kindern fällt das Halten der Klangschale in den Händen oft noch recht schwer. Sie können alternativ andere, ähnlich klingende Instrumente in der Hand halten.

Die Kinder bewegen sich im Raum. Trifft ein Kind auf ein anderes, begrüßen sich die beiden mit dem eigenen Instrument, ganz ohne Sprache. Das geht so lange, bis sich alle „klang-begrüßt" haben.

Variante

Die Kinder begrüßen sich zusätzlich mit *„Guten Morgen!"* oder *„Hallo!"*.

Wir treten in den Klangraum ein

Das Spiel mit der Klangschale soll einen besonderen Stellenwert im alltäglichen Erleben von Klängen einnehmen. Laden Sie die Kinder durch das „bewusste Eintreten in den Klangraum“ dazu ein, ein Gegengewicht zu der undifferenzierten Überflutung aller Sinne zu erleben und Leises zu entdecken.

Klangtor

Wenn die Kinder durch das Klangtor eintreten, wissen sie, dass nun eine ganz besondere Zeit beginnt. Sie spielen mit Klängen, lassen sich verwöhnen und betreten innere Räume.

Alter: ab 3 Jahren
Material: 2 Klangschalen; 2 Schlägel; evtl. weitere Klangschalen und Schlägel (oder andere Klanginstrumente wie Schellen, Glöckchen, Rasseln …)

Zwei größere Kinder, die bereits mühelos eine Klangschale für längere Zeit in einer Hand halten können, gestalten das Klangtor. Sie stehen sich gegenüber und bilden mit ihren Händen nach oben ein Tor. Jedes der beiden Kinder hält eine Klangschale in der Hand.

Sie spielen sanft die Töne der Klangschale an, während die übrigen Kinder durch dieses Tor nacheinander in den Klangraum einziehen.

Variante „Ein Klangtor nur für dich!“

Wenn nur ein Kind besonders hervorgehoben werden soll, wird ein „langes“ Klangtor gebildet. Dazu stehen sich die Kinder paarweise gegenüber. Sie bilden mit ihren Händen nach oben ein Tor. In der Hand halten sie eine Klangschale oder ein ähnlich klingendes Klanginstrument. Das „besondere“ Kind darf durch das Klangtor gehen. Dies eignet sich z. B. für eine Geburtstagsfeier oder einen anderen festlichen Anlass.

Klangschalen-Waschanlage

Wir wollen uns von den Klängen noch „sauber“ waschen lassen, bevor wir in den Klangraum eintreten. Die Klangschalen-Waschanlage kann von uns alles runterwaschen, was uns behindert, zur Ruhe zu kommen. Wie ein Auto, das durch den Dreck gefahren ist und mit Wasser wieder sauber gewaschen wird, waschen uns die Klänge der Klangschale auf einer für uns nicht sichtbaren, aber sehr wohl spürbaren Ebene wieder „sauber“.

Alter: ab 4 Jahren
Material: 6 Klangschalen; 6 Schlägel; evtl. weitere Klanginstrumente wie Schellen, Rasseln oder Glöckchen

Mindestens sechs Kinder gestalten die Klangschalen-Waschanlage. Jeweils zwei Kinder stehen sich gegenüber und halten eine Klangschale in der Hand. Jüngeren Kindern fällt das Halten der Klangschale in den Händen oft noch recht schwer. Sie erhalten alternativ andere, ähnlich klingende Instrumente wie Schellen, Rasseln oder Glöckchen.

Auf jeder Seite stehen drei Kinder. Ein Kind geht nun langsam durch die Waschanlage und lässt sich von den Klängen links und rechts „sauberwaschen“.

Variante ab 3 Jahren

Jüngeren Kindern fällt es sehr schwer, langsam durch die Waschanlage zu gehen. Setzen Sie das Kind deshalb auf eine Decke und ziehen Sie es langsam durch die Waschanlage.

Klänge fühlen und sehen

Musik verbindet Erwachsene und Kinder auf der ganzen Welt. Doch Musik und Töne können nicht nur mit den Ohren gehört, sondern die Schwingungen auch über den Körper gespürt werden. Besonders kleine Kinder experimentieren von sich aus gerne mit verschiedenen Klängen und nehmen sie ganzheitlich wahr.

Wir spüren die feinen Sinneswahrnehmungen im Alltag oft nicht mehr bewusst. Aber denken Sie nur einmal an ein Auto, dessen Fenster offen sind und aus dem die Bässe der Musik so laut zu hören sind, dass das ganze Auto bebt. Sie spüren die Vibrationen und Tonschwingungen auch im Körper. Beinahe gehörlose Menschen verfügen ebenso über unglaubliche musikalische Fähigkeiten.

Dies wird am Beispiel von Ludwig van Beethoven, Gabriel Fauré oder Bedřich Smetana deutlich, deren großartigste Werke komponiert wurden, während sie bereits stark hörbeeinträchtigt oder sogar ganz taub waren. Kleine Kinder erkunden ihre Umgebung durch Anfassen. Erst dadurch können sie begreifen und ihre Umwelt kennenlernen. Jedoch wird den Kindern oft signalisiert, dass das Anfassen von Gegenständen nicht erwünscht ist. Gerade im Bereich der Musik, vor allem, wenn es um Musikinstrumente der Erwachsenen geht, bleibt der Tastsinn oft im Hintergrund. Oder wann haben Sie das letzte Mal Musik und Klänge bewusst betastet und berührt oder die Klangschwingungen eines Instrumentes direkt auf Ihrem Körper gespürt?

Bei den Spielen und Experimenten in diesem Kapitel lernen die Kinder auf sehr einfache Weise, Töne nicht nur zu hören, sondern auch zu fühlen und zu sehen. Diese Hör- und Fühlspiele verlangen große Konzentration. Deshalb bietet es sich an, mit kurzen Einheiten zu beginnen und danach wieder Möglichkeiten zum Laufen oder Herumtollen anzubieten.

Klangschwingungen am Körper fühlen – Spiele zur Körperwahrnehmung

Fühlende Hände

Die Klangschale eignet sich besonders gut dafür, mit Kindern das Phänomen „Klang" direkt über den Körper wahrzunehmen und zu fühlen.

Alter: ab 3 Jahren
Material: 1 Klangschale; 1 Schlägel

Legen Sie die Klangschale auf die Hand des Kindes und spielen Sie sie mit einem Schlägel am oberen Rand an. Es kribbelt und kitzelt ganz angenehm auf der Handinnenfläche des Kindes.

Variante ab 4 Jahren

Laden Sie das Kind dazu ein, nachzuspüren, wie weit es die Klangschwingung in den Arm hinein wahrnimmt. Bis zum Ellenbogen, bis zur Schulter oder vielleicht im ganzen Körper?

Tipp: Bei größeren Klangschalen können die Schwingungen auch über die Handflächen wahrgenommen werden, ohne dass die Schale berührt wird. Spielen Sie dazu die Klangschale etwas fester an. Die Kinder halten ihre Handfläche nahe an die Schale, ohne diese zu berühren.

Fühlende Füße

Besonders wohltuend ist es, den Klang über die nackten Füße zu spüren.

Alter: ab 3 Jahren
Material: 1 große Klangschale; 1 Schlägel; evtl. 1 kleine Klangschale

Die Kinder ziehen ihre Socken aus und setzen sich um die große Klangschale. Spielen Sie diese mit einem Schlägel etwas fester an.

- *Wer kann die Schwingungen spüren, ohne dabei die Schale zu berühren?*
- *Was geschieht, wenn ein Kind versehentlich die Schale mit den Zehen berührt?*
- *Kann die Schale dann noch schwingen?*
- *Sind die Klangschwingungen noch zu spüren?*

Variante mit kleiner Klangschale

Das Kind liegt bäuchlings auf einer Matte am Boden. Stellen Sie eine Klangschale auf die Füße des Kindes und spielen Sie diese an.

Ganzkörperklangmassage

Sich in eine sehr große Klangschale zu setzen, ist ein besonderes Erlebnis für die jüngeren Kinder.

Alter: ab 3 Jahren
Material: 1 große Klangschale, ø mind. 35 cm; 1 Schlägel

Das Kind setzt sich in die Schale. Spielen Sie sie am oberen Rand zuerst vorsichtig, dann etwas fester an. Das Kribbeln ist im ganzen Körper gut spürbar.

Schwingungen am Boden spüren

Alter: ab 3 Jahren
Material: 1 Klangschale; 1 Schlägel

Stellen Sie eine Klangschale auf einen Holzboden oder einen Tisch und spielen Sie sie etwas fester an. Die Kinder legen ihre Hände recht knapp neben die Klangschale auf den Boden.

- *Können die Klangschwingungen am Holz wahrgenommen werden?*
- *Wie weit weg von der Schale sind die Schwingungen noch spürbar?*
- *Werden die Klangschwingungen weniger oder intensiver wahrgenommen, wenn die Klangschale auf einem anderen Untergrund angespielt wird?*

Kitzelige Nase

Alter: ab 3 Jahren
Material: 1 Klangschale; 1 Schlägel

Die Klangschale wird in der Hand gehalten oder auf den Tisch oder Boden gestellt und angespielt. Die Kinder halten ihre Nasenspitze an den Rand der Schale. Lautes Lachen ist garantiert! Der Kribbeleffekt in der Nase fühlt sich nämlich sehr lustig an.

Sonnenklangstrahlen

Wie schön ist es, wenn die Sonne vom Himmel herunter lacht! Gibt sie auch noch wunderschöne Klänge von sich, erfreut uns das umso mehr.

Alter: ab 3 Jahren
Material: 1 größere Klangschale; 1 Schlägel; evtl. pro Kind eine kleinere Klangschale mit Klöppel

Stellen Sie eine große Klangschale in die Kreismitte. Die Kinder setzen sich rund um die Klangschale und halten ihre Fußsohlen zum Schalenrand, ohne diesen zu berühren. Wenn Sie die Klangschale anspielen, können die Kinder die Schwingungen über die Fußsohlen spüren. Legen sich alle Kinder auf den Rücken auf den Boden, kommt noch mehr Ruhe auf. Die Schale in der Mitte stellt die Sonne dar und die Kinder sind ihre Sonnenstrahlen.

Variante ab 5 Jahren

Jedes Kind legt zusätzlich eine kleinere Klangschale auf seinen Bauch und hält einen Schlägel in einer Hand. Spielen Sie zuerst die große Klangschale in der Mitte an. Wenn diese fast verklungen ist, spielt jedes Kind seine Klangschale auf seinem Bauch an. Die Sonnenstrahlen werden in Sonnenklangstrahlen verzaubert.

Mein Klanghut

Alter: ab 3 Jahren
Material: 1 Klangschale, ø ca. 20 cm; 1 Schlägel

Die Kinder setzen eine Klangschale verkehrt herum auf ihren Kopf. Die Seitenränder der Klangschale dürfen dabei nicht ihren Kopf berühren, sonst kann sie nicht klingen. Achten Sie darauf, dass die Schale ganz leise angespielt wird, sonst werden die Klangschwingungen zu intensiv wahrgenommen. Die Kinder erfahren eine wunderbare Klangdusche von oben.

In der Klangschale stehen

Kinder jeden Alters sind verblüfft von dem Gefühl im Körper, das entsteht, wenn sie in einer Klangschale stehen. Die Schwingungen breiten sich von den Fußsohlen ausgehend in den ganzen Körper aus. Dieses Spiel eignet sich als beliebtes Abschlussritual bei Klangstunden. Jedes Kind darf sich zum Schluss noch einmal in die große Schale stellen.

Alter: ab 3 Jahren
Material: 1 große Klangschale, ø mind. 35 cm; 1 Schlägel

Stellen Sie die Klangschale auf einen Teppich oder eine Teppichfliese. Ein Kind stellt sich in die Klangschale. Halten Sie das Kind an der Hand oder setzen Sie sich hinter das Kind, das in der Schale steht, um es zu stützen, da die Klangschwingungen manchmal leichten Schwindel auslösen können. Spielen Sie die Klangschale im oberen Drittel mit dem Schlägel an. Das Kind nimmt die Vibrationen über seine Fußsohlen wahr. Wie weit spürt es die Schwingungen in seinen Körper hineinfließen?

Variante ab 5 Jahren

Das Kind stellt sich in die Klangschale. Spielen Sie die Schale an. Begleiten Sie diese Übung mit folgenden Worten:

Spüre, wie der Klang über deine Fußsohlen in deinen Körper hinauf bis zum obersten Halswirbel fließt. Spüre, wie er die Krümmung über deine Wirbelsäule hinaufwandert. Spüre weiter, wie der Klang nun deinen Kopf erreicht. Spüre, wie er Verspannungen löst und ob du dies auch zulassen kannst. Spüre wieder deine Füße, wie sie in der Klangschale stehen und wenn ich die Schale nun erneut anspiele, wie der Klang über deine Fußsohlen durch deinen Körper hindurch bis zu deinem Kopf wandert. Spüre nun deine Fußsohlen und deinen Kopf gleichzeitig. Verweile ein wenig in dieser Aufmerksamkeit. Dann steige aus der Klangschale, lockere deine Arme und Beine.

Der Klang-Aufzug

Alter: ab 3 Jahren
Material: 1 hoch klingende Klangschale; 1 tief klingende Klangschale

Das Kind macht es sich vor Ihnen auf dem Boden bequem. Legen Sie eine größere, tief klingende Klangschale auf den unteren Bauch und eine etwas kleinere, hoch klingende Klangschale hinter den Kopf des Kindes. Spielen Sie die auf dem Bauch liegende Schale an, warten Sie, bis sie fast verklungen ist und spielen Sie anschließend die Schale hinter dem Kopf an.

Variante ab 6 Jahren

Laden Sie das Kind mit folgenden Worten ein, eine Verbindung zwischen den beiden Schalen im Körper wahrzunehmen:

Richte deine Aufmerksamkeit auf den Bereich deines Bauches, auf dem die Klangschale steht. Etwa vier Finger unterhalb deines Nabels befindet sich das Zentrum, die Mitte deines Körpers (tiefe Klangschale anspielen). *Folge nun dem Klang. Beobachte, wie er in Richtung deines Kopfes fließt* (hohe Klangschale anspielen), *und zwar in die Mitte deines Kopfes. Stelle dir eine Bahn vor, eine Art Klang-Aufzug von deinem Bauch ausgehend in Richtung deiner Kopf-Mitte. Wiederhole diese Übung einige Male.“* (Schalen immer wieder anspielen) *„Beende die Übung.“* (Schalen ausklingen und herunternehmen) *„Komme mit deiner Aufmerksamkeit wieder zurück in diesen Raum.*

Tipp: Sie können die Kinder verschiedene Klang-Aufzüge im Körper wahrnehmen lassen, z. B. von einer Fußsohle bis zum Becken, von einer Schulter bis zu einer Handfläche der gleichen Körperseite usw.

Kribbeliges Klangbad

Sommer und Sonne laden zum Baden ein. Wenn Kinder die Möglichkeit haben, in einem Schwimmbecken zu plantschen, ist die Freude meist groß. Wird auch noch eine Klangschale mit ins Wasser genommen, steht dem Whirlpool-Effekt nichts mehr im Wege.

Alter: ab 3 Jahren
Material: 1 Klangschale; 1 Schlägel; Schwimmbecken

Befüllen Sie das Schwimmbecken mit angenehm warmem Wasser. Wird die Schale auf das Wasser gestellt, schwimmt sie tatsächlich und wenn sie angespielt wird, übertragen sich die Schwingungen auf das Wasser. Der gesamte Körper wird von den Klängen massiert. Die wohlige Wärme des Badewassers unterstützt den Entspannungszustand zusätzlich.

Klingendes Hand- oder Fußbad

Alter: ab 3 Jahren
Material: 1 Klangschale; 1 Schlägel; lauwarmes Wasser; evtl. ätherisches Öl

Füllen Sie in eine etwas größere Klangschale lauwarmes Wasser. Ein Kind lässt seine Hand in das Wasser hängen, während die Schale mit dem Schlägel angespielt wird. Die feinen Vibrationen des Klanges werden vom Kind über die Hand wahrgenommen.

Ein Fußbad kann auf dieselbe Weise gestaltet werden. Je nach Größe der Schale lässt das Kind einen oder beide Füße in das Wasser hängen. Die Füße dürfen den Rand der Schale jedoch nicht berühren, damit sich der Klang frei entfalten kann.

Tipp: Mit ein paar Tropfen eines qualitativ hochwertigen ätherischen Öles kann die wohltuende Wirkung des Fußbades noch verstärkt werden.

Klangschwingungen sehen

Die Schale schwimmt

Alter: ab 3 Jahren
Material: 1 großes Gefäß wie z. B. Wäschekorb ohne Löcher; lauwarmes Wasser; 1 Klangschale; 1 Schlägel

Nehmen Sie ein größeres Gefäß und befüllen Sie dieses mit lauwarmem Wasser. Stellen Sie eine Klangschale auf das Wasser. Die Schale schwimmt. Spielen Sie sie an und lassen Sie die Kinder beobachten, was geschieht. Die Klangschwingungen können im Wasser beobachtet werden. Besonders spannend wird dieses Experiment, wenn die Kinder ihre Hände ins Wasser halten. Die Klangschwingungen der Klangschale werden auf das Wasser übertragen und sind auch für die Kleinsten gut spürbar.

Schwingungen malen

Die Schwingungen können auch auf einem Blatt Papier sichtbar gemacht werden.

Alter: ab 3 Jahren
Material: Tonpapier in Schwarz, DIN A 3; 1 – 3 Klangschalen; 1 Schlägel; Zucker; Wasser; bunte Tafelkreiden; Haarspray

Kreise, Stiche, Wellen, Punkte,
Farben Rot, Gelb, Blau, so bunte.

Vor jedem Kind liegt ein schwarzes Blatt Papier auf dem Boden. Dazu verschiedene leuchtende Farben wie Zuckerkreiden. Spielen Sie die Klangschale(n) an. Laden Sie die Kinder wie folgt ein, die Farben auf ihr Blatt zu malen:

- *Wenn dieser Klang eine Farbe hätte, welche Farbe würdest du wählen und auf dein Blatt malen?*
- *Wenn dieser Klang eine Form hätte, welche Form würde auf deinem Blatt entstehen?*

Zuckerkreiden herstellen

In einem Viertel Liter Wasser zwei Esslöffel Zucker auflösen. Tafelkreiden ungefähr 10 Minuten lang in das Zuckerwasser legen, herausnehmen und abtropfen. Schon entstehen die schönsten Bilder, vor allem auf dunklem Papier. Besprühen Sie das Blatt zum Schluss mit etwas Haarspray. Das Kunstwerk behält so seine wunderbare Leuchtkraft und die Farbe zerbröselt nicht.

Backpulver in der Schale

Wenn Sie mit den Kindern Backpulver in den Boden der Klangschale füllen und diese anspielen, beginnt sich das weiße Pulver auf geheimnisvolle, wunderbare Weise zu bewegen. Dieses Klangschalenspiel fasziniert die Kinder besonders.

Alter: ab 3 Jahren
Material: ca. 10 Päckchen Backpulver; 1 Klangschale; 1 Schlägel; evtl. feiner Sand, Steinchen oder 1 Muschel

Füllen Sie das Backpulver in eine Klangschale. Formen Sie mit dem Pulver einen kleinen Hügel. Stellen Sie die Schale in die Mitte, sodass jedes Kind gut in die Schale blicken kann. Ein Kind spielt die Schale am oberen Rand mehrmals hintereinander etwas fester an. Das Backpulver beginnt sich zu bewegen.

Variante

Feiner Sand eignet sich ebenso dafür, Klangschwingungen sichtbar zu machen. Mischen Sie unter den Sand kleine Steine oder verstecken Sie darin eine Muschel. Nach mehrmaligem Anspielen trennt sich der Sand von den Steinchen oder die Muschel kommt zum Vorschein.

Wasser in der Schale

Klangschalen eignen sich besonders dazu, Schwingungen, die von Instrumenten erzeugt werden, mithilfe von Wasser sichtbar zu machen. Es entstehen Klangmandalas. Mandalas finden wir überall in der Natur wieder, zum Beispiel in Form von Schneekristallen oder Blütenblättern.

Alter: ab 3 Jahren
Material: 1 Klangschale; 1 Schlägel oder Reibholz; Wasser; evtl. 1 Päckchen Lebensmittelfarbe (vorzugsweise dunkle Farben) und 1 großer Bogen Papier in Weiß

Füllen Sie in eine Klangschale Wasser. Entweder spielen Sie die Klangschale mit einem Schlägel an oder reiben Sie mit einem Reibholz am Rand entlang. Es entstehen konzentrische Kreise im Wasser. Wer traut sich mit seinem Gesicht in die Nähe des Wassermandalas? Wird die Schale etwas fester angespielt, springen Wassertröpfchen aus der Schale und landen im Gesicht. Ein Spaß für Klein und Groß!

Variante mit Farben

Stellen Sie die Klangschale mit dem Wasser auf einen großen Bogen weißes Papier. Lösen Sie die Lebensmittelfarbe im Wasser auf. Beim Anspielen spritzt das bunte Wasser aus der Schale und auf dem darunterliegenden Blatt entsteht ein wunderschönes Mandala.

Wenn sich die Klänge bewegen

Wenn sich die Klänge einer Klangschale sichtbar bewegen könnten, wie würde das aussehen? Können die Kinder diese Bewegungen mit ihrem Körper ausführen?

Alter: ab 3 Jahren
Material: 1–3 Klangschalen; 1 Schlägel; evtl. Chiffontücher

Spielen Sie dazu unterschiedlich große Klangschalen an. Die Kinder bewegen sich dazu frei im Raum.

Experimentieren Sie mit den hohen Tönen einer kleinen und mit den tiefen Tönen einer großen Klangschale. Genauso können Sie der Schale mit den verschiedenen Anspieltechniken Töne entlocken, wie mit dem Anreiben, mit dem Gummiball oder den Fingernägeln.

Variante

Stellen Sie den Kindern Chiffontücher zur Verfügung. Mit diesen bunten Tüchern lässt es sich noch leichter tanzen.

Innere Stärke erleben

Spiele, die das Vertrauen stärken

Vertrauen zu sich und zum Leben zu haben, ist eine wichtige Grundvoraussetzung für ein glückliches und entspanntes Leben. Die Basis des Vertrauens ist das Urvertrauen.

Urvertrauen wird in der Schwangerschaft, während der Geburt und der Zeit danach geprägt. Es lässt sich aber auch bis zu einem gewissen Grad nachholen. Wenn wir ein gutes Urvertrauen in uns selbst entwickeln, werden wir unabhängig von äußeren Einflüssen oder Krisen. Wir ruhen in uns selbst.

Zum Urvertrauen gehört auch die emotionale Gewissheit, dass alles, was in unserem Leben geschieht, zu unserem Besten stattfindet. Urvertrauen erlaubt uns den Ist-Zustand zu akzeptieren. Der Grundstein für diese Fähigkeit wird in der Kindheit gelegt und kann mit den folgenden klangpädagogischen Spielen positiv beeinflusst werden. Diese Spiele fördern ebenso die konzentrierte, auditive Wahrnehmung.

Die Vielfalt der akustischen Reize im Alltag nehmen den Kindern heute oft die Fähigkeit, ihre auditive Wahrnehmung differenziert auszubilden. Durch das intensive Zuhören und durch das bewusste Hinhören wird sie gezielt gefördert. Außerdem schulen sie die Fähigkeit des Richtungshörens.

Wo ist der Klang?

Dieses Spiel ist dem bekannten Kinderspiel „Topfschlagen“ angelehnt. Nur diesmal geht es etwas ruhiger zu, sonst kann das suchende Kind die Klangschale nicht finden.

Alter: ab 3 Jahren
Material: 1 Klangschale; 1 Schlägel; 1 Augenbinde

Ein Kind sitzt mit verbundenen Augen in der Raummitte. Ein anderes Kind erhält eine Klangschale und einen Schlägel und versteckt sich damit im Raum. Wenn alles ruhig ist, spielt das Kind die Klangschale gut hörbar an.

Das Kind mit den verbundenen Augen krabbelt in die Richtung, aus der es den Klang wahrnimmt. Immer wieder wird die Schale angespielt – so lange, bis das „suchende“ Kind das Versteck gefunden hat.

Jakob, wo bist du?

Jakob lebt in einer Stadt. Er ist ein lustiger kleiner Junge, der sich immer wieder gerne versteckt. Zum Glück gibt es eine Stadtmauer, so kann Jakob nicht so leicht entwischen. Aber wo ist er nur? Kannst du ihn finden?

Alter: ab 3 Jahren
Material: 1 Klangschale; 1 Schlägel; 1 Augenbinde

Alle Kinder reichen sich im Kreis die Hände und stellen die Stadtmauer dar. Sie sind dafür zuständig, dass den Kindern in der Stadt nichts geschieht.

Zwei Kinder gehen in die Kreismitte. Eines der beiden ist Jakob. Er hält eine Klangschale und einen Schlägel in den Händen und bleibt auf der Stelle stehen. Das andere Kind bekommt die Augen verbunden und wird dreimal um die eigene Achse gedreht. Es soll nun Jakob finden. Aber wie? Jakob spielt immer wieder einmal die Klangschale an. Das Kind orientiert sich über sein Gehör und lässt sich zu Jakob führen.

Damit dies gelingen kann, muss die Gruppe (Stadtmauer) sehr leise sein, mucksmäuschenstill. Findet das Kind Jakob nicht, darf es ab und zu fragen: *„Jakob, wo bist du?"*. Dann spielt Jakob mehrmals hintereinander auf der Klangschale.

Eine Blase aus Klang

Geschützt in einer Blase aus Klang durch den Raum geführt zu werden und ganz und gar den Kindern aus der Gruppe vertrauen zu können, ist ein angenehmes Gefühl. Dieses Spiel stärkt unter anderem das Gruppengefühl.

Alter: ab 5 Jahren
Material: pro Kind 1 Klangschale und 1 Schlägel (oder ein ähnliches Klanginstrument wie Glöckchen, Schellen, …)

6 – 10 Kinder bilden einen Kreis. Jedes Kind hält eine Klangschale (oder ein ähnliches Klanginstrument) in der Hand und spielt dieses leise an.

Ein Kind steht in der Mitte und schließt seine Augen. Das Kind in der Mitte bewegt sich durch den Raum, einmal schnell, dann wieder langsam. Vielleicht dreht es sich auch plötzlich um. Es kann aber an keine Möbel und Ecken stoßen, da der Kreis das Kind schützt, indem er mitgeht und einen beweglichen Raum um ihn bildet. Nur über die Klänge kann sich das Kind im Raum orientieren.

Spiegel

Alter: ab 4 Jahren
Material: pro Kind 1 Klangschale und 1 Schlägel

Die Kinder finden sich paarweise zusammen und stehen oder sitzen sich gegenüber. Beide Kinder halten in der einen Hand eine Klangschale und in der anderen einen Schlägel. Sie heben ihre Hände und halten sie etwa in Schulterhöhe vor sich. Das erste Kind spielt die Schale ganz langsam an und bewegt sie vor sich. Seine Hände sind so langsam, dass das zweite Kind seine Bewegungen exakt und fast im gleichen Moment nachahmen kann – als würde das zweite Kind in einen Spiegel blicken. Anschließend tauschen die Kinder die Rollen. Später können beide abwechselnd führen, mit dem Ziel, dass ein Außenstehender nicht mehr erkennen kann, wer gerade wessen Spiegelbild ist.

Wichtig ist, dass während der Übung nicht gesprochen wird. Die Ruhe fördert die nötige Konzentration und das erforderliche sehr langsame Tempo der Bewegungen. Achten Sie unbedingt darauf, dass die Kinder nur mit dem Bewegen der Hände beginnen. Später können die Spiegelungen auch ausgeweitet werden, bis sich die Paare durch den ganzen Raum bewegen.

Ich folge dem Klang

Vertrauen zu haben in einen Partner, der einen führt, setzt Mut voraus. Und das alles mit geschlossenen Augen? Da muss es mucksmäuschenstill im Raum sein, damit es gelingen kann.

Alter: ab 4 Jahren
Material: 1 Klangschale; 1 Schlägel; evtl. pro Kind 1 Augenbinde

Ein Kind hält eine Klangschale in der einen Hand, in der anderen Hand einen Schlägel. Ein zweites Kind schließt seine Augen oder verbindet sie mit einer Augenbinde.

Das Kind mit der Klangschale geht voran und spielt währenddessen die Klangschale immer wieder an. Das „blinde" Kind folgt dem Klang nur über das Gehör durch den Raum. Voller Vertrauen gibt es sich seinem Partner hin, in gutem Wissen, dass es sicher geführt wird.

Die Klangwolke

Sich gemeinsam in der Gruppe als Klangwolke zu erleben, stärkt das Vertrauen und gibt Sicherheit. Die Kinder müssen sich bei diesem Spiel aufeinander verlassen können, ansonsten findet die Wolke nicht ihren Weg durch den Raum.

Eine Klangwolke zu sein, das wär ja mal fein.
Sie sitzt da oben, kannst du sie sehen?
Oft tanzt sie mit Freunden, kannst du sie zählen?
Ja, eine Wolke zu sein, das wär ja mal fein.

Alter: ab 4 Jahren
Material: 1 – 3 Klangschalen; 1 Schlägel; großes Leintuch in Weiß; Schere

Für dieses Bewegungsspiel werden in ein weißes Leintuch Schlitze geschnitten, so groß, dass die Köpfe der Kinder durchpassen. Die Kinder stecken ihre Köpfe von unten durch die Löcher im Tuch. Sie können sich so gemeinsam als große Wolke bewegen.

Die Klänge der Klangschalen begleiten die Wolke auf ihrer Reise. Diese beginnt sanft zu schaukeln und am Himmel dahinzuschweben.

Begleiten Sie die Kinder mit der Klangschale, manchmal lauter, dann wieder leiser.

Variante ab 5 Jahren

Sie gehen mit der Klangschale im Raum langsam vor und spielen diese an. Die Wolke folgt dem Klang durch den Raum. Gelingt dies auch mit geschlossenen Augen?

Wir folgen den Schwingungen

Alter: ab 4 Jahren
Material: 1 Klangschale; 1 Schlägel; evtl. pro Kind 1 Augenbinde

Die Kinder stellen sich an einem Ende des Raumes auf. Bitten Sie sie, ihre Augen zu schließen oder geben Sie jedem Kind eine Augenbinde. Stellen Sie sich leise weiter entfernt mit der Klangschale an einen Platz und spielen Sie die Schale an. Schaffen es die Kinder, den Klängen blind zu folgen, ohne dabei zusammenzustoßen? Dies erfordert hohe Konzentration und Aufmerksamkeit.

Variante ab 3 Jahren

Jüngere Kinder können ihre Augen auch geöffnet lassen.

Mentale Stärke entwickeln

Viele der bereits vorgestellten Klangschalen-Spiele können bei Konzentrationsschwierigkeiten oder Lernproblemen begleitend eingesetzt werden. Die Fähigkeit, sich zu entspannen und voller Vertrauen dem Leben zu begegnen, unterstützt dabei, alltägliche Dinge gelassener anzugehen. Je älter Kinder werden, desto häufiger werden sie mit Herausforderungen konfrontiert, die zu Stress oder Leistungsdruck führen. In diesem Kapitel werden Möglichkeiten vorgestellt, mit Hilfe der Klangschale die mentale Stärke der Kinder zu festigen.

Der Zauberstein

Die Arbeitsweise des „Ankerns" ist eine sehr wichtige Methode des NLP (Neurolinguistisches Programmieren). Die Grundlagen dieser Technik sind sehr einfach, aber höchst effektiv. Wir ankern etwas, dass in uns bestimmte Erinnerungen auslöst, wie in diesem Fall Entspannung und Ruhe. Diese können z. B. mit einem Gegenstand verbunden werden.

Alter: ab 3 Jahren
Material: 1 Stein oder 1 anderer kleiner Gegenstand

Während das Kind eine Fantasiereise oder Klangmassage erlebt, hält es einen Gegenstand, z. B. einen Stein in der Hand. Der Stein sollte nicht zu groß sein, damit er leicht in der Hosentasche Platz findet. Während sich das Kind entspannt, zur Ruhe kommt und seinen Körper wahrnimmt, drückt es immer wieder den Stein leicht zusammen und ankert somit das gute Gefühl.

Der Stein kann nach der Klangreise oder Klangmassage auch bemalt werden. Danach wird er eingesteckt, unter das Kopfkissen oder auf den Schreibtisch gelegt. Immer, wenn das Kind den Stein berührt oder ansieht, wird es an das angenehme, entspannende Gefühl während der Klangreise oder Klangmassage erinnert.

Aufräumen im Kopf

Alter: ab 5 Jahren
Material: 1 Klangschale; 1 Schlägel

Zuerst sehen wir mal im Kopf nach, was da alles aufgeräumt werden muss. Was wirkt belastend oder beängstigend? Vielleicht die Angst vor dem Nachbarshund oder ein Streit mit der besten Freundin letzte Woche?

Alle Dinge, die gefunden werden, legen wir nach und nach in die Klangschale. Sie können auf einen Zettel geschrieben oder einfach gedanklich in die Schale „gelegt" werden. Wir stellen uns vor, wie beim Anspielen der Schale die belastenden Gedanken fortgetragen werden und wir dem Klang in die Stille folgen.

Wir „legen" so lange weitere Gedanken in die Klangschale, bis das Gefühl entsteht, dass unser Kopf aufgeräumt ist. Erleichtertes Aufatmen ist meist die Folge und wir sind wieder frisch und fit für weitere Aktivitäten.

Die Klangsonne

Diese Übung stärkt das Kind darin, sich seiner Talente, Fähigkeiten und Stärken bewusst zu werden. Jedes Kind verfügt über solche Ressourcen. Leider wird oft mehr darauf geachtet, was das Kind nicht kann, anstatt seine Stärken zu betonen oder zu fördern. Vielen Kindern ist oft gar nicht bewusst, über welch reichen Schatz an Fähigkeiten sie bereits verfügen. Wir wollen hier den Fokus darauf legen, um das Kind in seinem Selbstvertrauen zu stärken und das Positive hervorzuheben. Die Klangschale hilft, das Gesprochene in aller Ruhe wirken zu lassen.

Alter: ab 4 Jahren
Material: Tonpapier in Gelb; Schere; Stifte; 1 oder mehrere Klangschalen; 1 Schlägel

Aus gelbem Tonpapier etwa 6–8 Streifen ausschneiden, so breit, dass etwas darauf geschrieben werden kann. Für die Mitte einen Kreis ausschneiden, darum die Streifen wie bei einer Sonne auflegen.

Jeweils auf einen Streifen schreibt das Kind etwas, dass es gut kann, z. B.: *„Ich kann gut Rad fahren."*, *„Ich lese gerne."* oder *„Ich kann gut singen."* Helfen Sie jüngeren Kindern dabei, Eigenschaften zu finden, die es gut kann. Schreiben oder zeichnen Sie das Gefundene auf das Tonpapier. An das Ende jedes Streifens wird eine Klangschale gestellt.

Das Kind hält einen Schlägel in der Hand und stellt sich ans Ende eines Streifens zu einer Klangschale. Es sagt laut die Eigenschaft, die es gut kann und spielt die Klangschale an. So lange die Schale schwingt, bleibt das Kind stehen und lässt den gesprochenen Satz auf sich wirken. Dann geht es zum nächsten Streifen weiter.

Tipp: Stehen nicht so viele Klangschalen zur Verfügung, kann auch mit einer Klangschale gearbeitet werden. Diese wird einfach von einem Streifen zum nächsten mitgenommen.

Ich habe erlebt …

Diese Übung hilft dabei, die Eindrücke des Tages zu ordnen und die positiven Gefühle bewusst in sich aufzunehmen. Dieses Spiel eignet sich auch als sehr schönes Abendritual. Mit Hilfe der Klangschale und den positiven Gedanken kann der Tag angenehm ausklingen.

Alter: ab 4 Jahren
Material: 1 Klangschale; 1 Schlägel; weiche Unterlage; evtl. Blatt Papier und Stifte

Das Kind liegt entspannt auf dem Rücken auf einer weichen Unterlage. Legen Sie eine Klangschale auf seinen Bauch. Fragen Sie das Kind, was es heute Schönes erlebt hat. Legen Sie mit dem Kind das Gesagte „gedanklich in die Klangschale“ und spielen Sie diese dreimal an. Das gute Gefühl des Tages wird quasi in den Körper gespielt.

Als Nächstes fragen Sie das Kind, worauf es heute besonders stolz ist. Wieder „legen Sie diese Gedanken in die Klangschale“ und spielen sie an.

Zum Schluss fragen Sie das Kind, wofür es sich heute bedanken möchte. Wiederholen Sie die weiteren Schritte wie oben. Entspannt und voller guter Gefühle kann der Tag ausklingen und die Nachtruhe genossen werden.

Variante

Falls es zu schwierig ist, das Gesagte „gedanklich“ in die Schale zu legen, kann dies auch auf ein Stück Papier geschrieben oder gezeichnet werden. Das Papier wird in die Schale gelegt und die Worte, die darauf stehen „in den Körper gespielt.“

Klang und Stille

Stilleübungen

Stilleübungen gehen auf die Pädagogin Maria Montessori zurück, die erkannte, dass Kinder Stilleangebote lieben und diese nach einigen Wiederholungen geradezu einfordern. Bei Stilleübungen geht es nicht darum, dass Stille von außen gefordert wird, sondern dass Kinder einen inneren Raum betreten, der sie in ihre Ruhe und gleichzeitig Kraft führt. Im Folgenden werden Ihnen einige Stilleübungen in Verbindung mit der Klangschale vorgestellt, die sich in der Praxis sehr bewährt haben.

Dem Klang in die Stille lauschen

Der Klang der Klangschale begleitet uns in die Stille. Während er klingt, um dann langsam zu verklingen, horchen wir ihm nach und werden selbst dabei ganz ruhig.

Alter: ab 3 Jahren
Material: 1 Klangschale; 1 Schlägel oder 1 Reibholz

Die Kinder machen es sich im Kreis gemütlich. Nehmen Sie die Klangschale zur Hand und spielen Sie sie an. Laden Sie die Kinder dazu ein, dem Klang in die Stille nachzuhorchen. Dazu spielen oder reiben Sie die Klangschale an, während die Kinder ruhig dem sanften Klang der Klangschale lauschen.

Variante ab 5 Jahren

Die Kinder schließen ihre Augen, während Sie die Klangschale anspielen. Erst nachdem nichts mehr zu hören ist, werden die Augen wieder geöffnet.

Welcher Ton klingt länger?

Alter: ab 3 Jahren
Material: pro Kind 1 Klangschale und 1 Schlägel; evtl. 2 Klangschalen

Die Kinder setzen sich im Kreis auf den Boden. Vor jedem Kind steht eine Klangschale mit einem Schlägel. Zählen Sie gemeinsam mit den Kindern bis drei. Auf dieses Zeichen spielt jeder seine Klangschale mit dem Schlägel an.

Welche der Schalen klingt am längsten? Alle müssen ganz genau hinhören und lauschen. Warum klingen manche Schalen länger als andere? Liegt es an der Größe? Oder an der Anspieltechnik?

Variante mit zwei Klangschalen

Stehen nur zwei Klangschalen zur Verfügung, werden diese beiden Schalen gleichzeitig angespielt. Die Kinder lauschen gemeinsam, welcher Ton länger zu hören ist.

Gehen auf der Linie

Das „Gehen auf der Linie“ ist eine Übung, die Maria Montessori entwickelt hat, um den Kindern innere Ruhe erfahrbar zu machen. Die Kinder balancieren dabei auf einer Ellipse. Wir ändern diese Übung für das Erfahren des ruhigen Gehens in Kombination mit der Klangschale ab.

Alter: ab 3 Jahren
Material: 1 Seil oder 1 Klebeband; 1 Klangschale; 1 Schlägel; pro Kind 1 Sitzpolster

Legen Sie ein Seil gerade auf dem Boden aus oder kleben Sie ein Klebeband (ca. 2 m lang und ca. 5 cm breit) auf. Bei letzterem kann nichts verrutschen und die Kinder fühlen sich sicherer. Am Ende der Linie eine Klangschale aufstellen, den Schlägel danebenlegen. Machen Sie zuerst die Übung vor. Stellen Sie sich dazu am Anfang der Linie auf. Konzentrieren und zentrieren Sie sich, und gehen Sie mit langsamen und ruhigen Schritten auf der Linie in Richtung der Klangschale. Berühren Sie dabei jeweils mit der Ferse des rechten Fußes die Zehenspitzen des linken und umgekehrt. Bei der Klangschale angekommen, spielen Sie diese einmal sanft an. Stellen Sie sich aufrecht hin, schließen Sie Ihre Augen und lauschen Sie dem Klang in die Stille nach. Dann drehen Sie sich um und gehen den Weg auf der Linie entlang zurück.

Wählen Sie nun ein Kind aus, dass diese Übung wiederholt. Die Gruppe sitzt rund um die Linie und bleibt mit der Aufmerksamkeit bei dem Kind, das auf der Linie geht. Die Übung wiederholen, bis alle Kinder an der Reihe waren.

Den Klang weiterreichen

Alter: ab 3 Jahren
Material: 1 Klangschale; 1 Schlägel

Die Kinder sitzen im Kreis. Halten Sie eine Klangschale und einen Schlägel in der Hand. Spielen Sie die Schale an und reichen Sie diese an ein Kind, das neben Ihnen sitzt, weiter, aber so, dass die Schale noch klingen kann. Wie muss die Schale weitergereicht werden, damit sie nicht verklingt? Die Klangschale wird nun zum nächsten Kind weitergereicht usw. Die Bewegungen sollten behutsam erfolgen, damit die Schale lange klingen kann.

Ins Wasser fällt ein Stein

Alter: ab 3 Jahren
Material: 1 Klangschale; Wasser; kleine Steine oder Glasnuggets; 1 Schlägel

Die Kinder setzen sich im Kreis auf den Boden. Eine Klangschale mit Wasser füllen und in die Kreismitte stellen, daneben eine Schale mit kleinen Steine oder Glasnuggets.

Ein Kind nach dem anderen geht in die Mitte und lässt behutsam einen Stein in das Wasser fallen. Die übrigen Kinder im Kreis beobachten und horchen. Wenn alle Steinchen in der Schale sind, kann diese noch angespielt werden.

Klangmeditation

Alter: ab 3 Jahren
Material: Klangschalen in verschiedenen Größen; 1 Schlägel; 1 Reibholz; 1 schönes Tuch

Die Kinder setzen sich bequem hin, sodass sie für einige Minuten ruhig und entspannt sein können. Stellen Sie einige Klangschalen vor sich auf einem schönen Tuch auf den Boden. Spielen und reiben Sie abwechselnd, in einem ruhigen und gleichmäßigen Rhythmus bleibend, die Klangschalen an. Laden Sie die Kinder dazu ein, den Klängen ohne Sprache zu lauschen und eine innere Reise in ihre ganz eigene Bilderwelt zu erleben.

Die stille Minute

Die stille Minute wird nicht nur bei Seminaren mit Erwachsenen sehr geschätzt, auch Kinder lieben dieses Ritual. Sie nutzen diese Minute, um bei sich anzukommen, sich wieder selbst wahrzunehmen. Auch bei Elternabenden hilft es den Eltern, anzukommen und den Alltag hinter sich zu lassen.

Alter: ab 3 Jahren
Material: 1 Klangschale; 1 Reibholz

Spielen Sie die Klangschale mit einem Reibholz am oberen Rand der Klangschale an (nicht anreiben). Dieses Signal dient als Zeichen, dass die stille Minute beginnt.

In der folgenden Minute sitzen die Kinder mit aufrechter Haltung auf ihrem Platz, nehmen ihren Atem wahr und lauschen in sich hinein. Der Atem sollte nicht beeinflusst werden, einfach fließen lassen. Anfangs werden die Kinder noch die sprachliche Begleitung von Ihnen benötigen, um ganz bei sich anzukommen. Nach und nach jedoch sollte die stille Minute tatsächlich in absoluter Stille verbracht werden.

Die Minute wird mit dem Signal der Klangschale wieder beendet.

Wie lange klingt der Ton?

Alter: ab 4 Jahren
Material: 1 Klangschale; 1 Schlägel

Die Kinder knien im Kreis. Spielen Sie die Klangschale an. Die Kinder lauschen dem Ton der Schale. Das Kind, das den Ton nicht mehr hören kann, setzt sich ganz leise in den Schneidersitz. Wie lange hören die Kinder den Ton? Gibt es Unterschiede in der Länge des Klanges, wenn unterschiedlich große Schalen angespielt werden? Klingen große Schalen länger als kleine?

Leise den Platz wechseln

Alter: ab 4 Jahren
Material: 1 Klangschale; 1 Schlägel

Die Kinder sitzen im Stuhlkreis. Spielen Sie die Klangschale einmal kräftig an. So lange die Klangschale klingt, rutschen alle Kinder reihum immer von einem Sitzplatz zum anderen.

Ist die Klangschale dann nicht mehr zu hören, bleibt jedes Kind auf dem Stuhl sitzen, auf dem es sich gerade befindet. Dabei muss es sehr leise im Raum sein.

Es kann auch vorkommen, dass das eine oder andere Kind ein äußerst geschultes Gehör hat und die Klangschale noch immer hört, während die anderen schon sitzen bleiben, weil sie den Klang nicht mehr hören. Welche Lösung könnten wir gemeinsam finden?

Im Klangzauberwald

Die wunderschönen Klänge des Klangzauberwaldes verzaubern alle Kinder. Getragen vom Klang der Klangschalen lässt es sich besonders entspannt zwischen den Klangbäumen spazieren.

Alter: ab 4 Jahren
Material: pro Kind 1 Klangschale mit Schlägel oder 1 ähnliches Klanginstrument (Glöckchen, Schellen,..)

Alle Kinder stehen locker verteilt im Raum und stellen die „Klangbäume" dar. In den Händen halten sie eine Klangschale und einen Schlägel. Jüngeren Kindern fällt das Halten der Klangschale in den Händen oft noch recht schwer. Sie können alternativ andere, ähnlich klingende Instrumente wie Schellen oder Glöckchen in der

Hand halten. Nur ein Kind geht im Raum herum. Es geht im „Klangzauberwald" spazieren.

Der „Klangbaum", der von diesem Kind an der Schulter berührt wird, darf seine Klangschale erklingen lassen. Das Kind spaziert so lange durch den Klangzauberwald und lässt die verschiedenen Bäume erklingen, bis es ein anderes Kind auswählt, dass durch den Wald spaziert und die „Klangbäume" erklingen lässt. Die beiden tauschen ihre Rollen.

Die Stillefee

Kennst du die Stillefee, die ganz leise, kaum hörbar Stille über dich streut und die Klänge einsammelt? Sie lädt dich ein, ruhig zu werden und dich zu entspannen.

Alter: ab 3 Jahren
Material: pro Kind 1 Klangschale mit Schlägel (oder 1 ähnliches Klanginstrument wie Glöckchen, Schellen, ...); Kerzen; Feuerzeug

Dunkeln Sie den Raum etwas ab. In der Mitte des Raumes werden Kerzen aufgestellt und angezündet. Die Kinder sitzen verteilt im Raum. Vor jedem Kind liegt eine Klangschale mit Schlägel oder ein ähnlich klingendes Klanginstrument. Die Kinder spielen auf ihren Instrumenten.

Leise gehen Sie als Stillefee von Kind zu Kind und „streuen Stille" über die Kinder. Nach und nach sammeln Sie die Instrumente von den Kindern ein und stellen sie in die Mitte zu den Kerzen. Die Kinder sind nach dem Besuch der Stillefee ganz ruhig.

Gehen Sie zur Mitte und setzen Sie sich leise zu den Kerzen. Sie können nun mit den eingesammelten Instrumenten eine Klangreise gestalten oder die Instrumente ohne Worte leise anspielen.

Tipp: Dieses Spiel eignet sich auch sehr gut als Abschlussritual einer Klangstunde.

Atem und Klang

Das Atmen ist so selbstverständlich, dass wir im Alltag kaum einen Gedanken daran verschwenden. In den östlichen Weisheitslehren und Gesundheitssystemen wird dem bewussten Atmen von jeher viel Aufmerksamkeit geschenkt. Sie nutzen bereits seit Jahrtausenden die Kraft des Atems. Nichts verbindet uns mehr mit dem Leben als der Atem. Vom ersten bis zum letzten Augenblick ist er unser treuer Begleiter. Mit dem Einatmen beginnen wir unser Leben in dem Moment, wo wir das Licht der Welt erblicken. Im Moment des Sterbens atmen wir das letzte Mal aus. Während dieser Zeitspanne atmen wir, manchmal bewusst, meistens eher unbewusst. Durch das tiefe und bewusste Ein- und Ausatmen verwurzeln wir uns ganz und gar mit unserem Körper, spüren die Verbindung zu uns und anderen Menschen. Somit bieten sich folgende Atemübungen in Kombination mit der Klangschale dazu an, dass die Kinder sich ihrer selbst bewusst werden, ihren Körper besser wahrnehmen und zu neuer Kraft und Lebensenergie finden.

Klangwellen atmen

Alter: ab 5 Jahren
Material: 2 Klangschalen; 2 Schlägel

Atmen aus und atmen ein, wiegen uns, wir zwei allein. Wollen miteinander schwingen, während die Schalen für uns klingen.

Zwei Kinder setzen sich Rücken an Rücken gegenüber. Stellen Sie vor jedes Kind eine Klangschale. Die Kinder versuchen im gleichen Rhythmus zu atmen. Beobachten Sie die Bewegung, die langsam einsetzt, während die Kinder atmen. Während sich das eine Kind vorbeugt und ausatmet, lehnt sich das andere leicht nach hinten und atmet dabei tief ein. Die Luft braucht Platz. Begleiten Sie die sanfte Bewegung mit den Klängen der Klangschale. Spielen Sie jeweils die Schale vor dem Kind an, das gerade einatmet.

Sehr schön ist diese Übung auch mit geschlossenen Augen. Beide schaukeln und wiegen sanft vor und zurück und finden, umhüllt von den zarten Klängen, einen gemeinsamen Atemrhythmus.

Gemeinsames Klangatmen

Alter: ab 3 Jahren
Material: 1 Klangschale; 1 Schlägel

Setzen Sie sich mit den Kindern im Kreis auf den Boden. Vor Ihnen steht eine Klangschale. Laden Sie die Kinder ein, still zu werden und dem eigenen Atem zu lauschen:

Atme durch die Nase ein und durch den Mund wieder aus. Wir wollen nun gemeinsam atmen. Wir atmen alle gemeinsam durch die Nase ein und wenn ich die Klangschale sanft anspiele, atmen wir gemeinsam mit dem Klang der Schale aus. Und wieder einatmen und mit dem Klang der Schale ausatmen.

Tipp: Spielen Sie die Schale nur sehr sanft an. Wenn Sie zu kräftig angespielt wird, dauert die Ausatmungsphase für die Kinder zu lange.

Variante ab 5 Jahren

Wiederholen Sie mit den Kindern das Klangatmen, bis ein gemeinsamer Rhythmus entsteht (ca. 2–3 Minuten). Das Ausatmen kann mit einem „Ahhh" verstärkt werden. Somit verbindet sich der Klang der Klangschale mit den Tönen der Kinder.

Variante ab 6 Jahren

Laden Sie geübtere Kinder dazu ein, während des Klangatmens ihre Augen zu schließen.

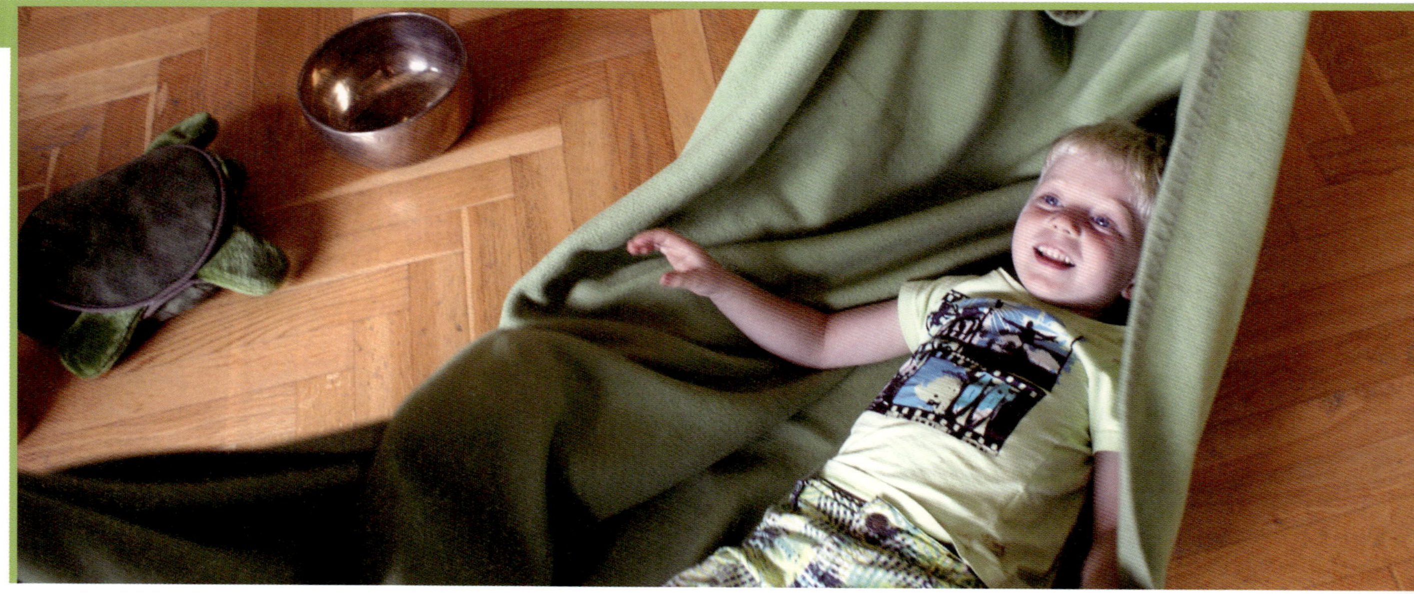

Wiegen und Schaukeln

Keine Bewegung ist ursprünglicher oder natürlicher, als sanft gewiegt und geschaukelt zu werden. Wir werden als Babys schon im Fruchtwasser unserer Mutter gewiegt. Deshalb ist die Methode des Wiegens so alt wie das menschliche Leben selbst. Nach der Geburt wiegen Mütter ihre Kinder. Auf allen Spielplätzen finden wir Schaukeln, ebenso wie auf allen Rummelplätzen. Sogar als Erwachsene lassen wir uns gerne in den Arm nehmen und wiegen, wenn es uns nicht gut geht oder wir traurig sind.
Manche Kinder haben am Anfang ihres Lebens zu wenig von diesem einfachen Schwingen abbekommen. Deshalb haben sie ein großes Nachholbedürfnis. Die Schwingung einer Klangschale lässt dieses Schwingen in uns wieder wahrnehmen. Die Klangwellen lassen uns wieder in unsere Mitte schwingen. Kinder lieben Wiege- und Schaukelspiele. Sie helfen ihnen, ihren eigenen Rhythmus zu finden und Vertrauen in das Leben aufzubauen.

Sanftes Wiegen im Klangbad

Wenn wir die Klänge der Klangschale wahrnehmen, fühlt es sich oft so an, als würden wir gewiegt werden. In uns beginnen die Zellen zu schwingen, sie tanzen ihren eigenen Tanz. Noch intensiver wird dieses Gefühl, wenn wir uns auf eine Decke legen, diese aufgehoben wird und wir tatsächlich sanft geschaukelt werden.

Alter: ab 5 Jahren
Material: 1 Wolldecke; 1 – 3 Klangschale(n); 1 – 3 Schlägel; evtl. noch mehr Klangschalen und Schlägel

Mindestens sechs Kinder platzieren sich um eine Wolldecke, auf der das Kind liegt, das verwöhnt wird. Die Kinder heben die Decke etwas an und bewegen sie sanft hin und her. Spielen Sie dazu auf den Klangschalen.

Variante ab 3 Jahren

Die Decke, auf der das Kind liegt, wird von den jüngeren Kindern nicht aufgehoben, sondern einfach am Boden etwas nach links und nach rechts geschaukelt. Alternativ können zwei Erwachsene das Kind in der Decke schaukeln und die Kinder spielen auf den Klangschalen.

Variante für eine große Kindergruppe

Ist die Gruppe größer, können einige Kinder die Decke aufheben und die übrigen Kinder mit Klangschalen einen äußeren Kreis bilden, damit die Klänge von allen Seiten erklingen: Ein Klangerlebnis der besonderen Art.

Große Glocken, kleine Glocken

Die Klänge der Kirchenglocken berühren unser Herz. Selbst zu einer Glocke zu werden und in den Armen von Mama (Papa, Oma, Opa, ...) gewiegt zu werden, ist immer wieder ein besonderes Erlebnis. Dieses Spiel bietet sich vor allem in Eltern-Kind-Gruppen oder während Eltern-Kind Nachmittagen an. Dazu wird der Text von den Glocken gesprochen und die entsprechenden Klangschalen angespielt.

Alter: ab 3 Jahren
Material: 1 (oder mehrere) tief klingende Klangschale(n); 1 (oder mehrere) hoch klingende Klangschale(n); 1 Schlägel

Ein Erwachsener nimmt ein Kind auf seinen Schoß und wiegt es sanft zu dem unten stehenden Text hin und her. Spielen Sie dazu bei den großen Glocken die tiefe (n) Klangschale(n) und bei den kleinen Glocken die hohe(n) Klangschale(n) an.

Große Glocken, schwere Glocken schwingen hin und her.
Großen Glocken, schweren Glocken fällt das gar nicht schwer.
Und die kleinen, ganz feinen, mit ihrem zarten Klang,
und die kleinen, ganz feinen, die machen bim bim bam.

Variante ohne Erwachsene

Die Kinder sitzen auf dem Boden oder auf Stühlen und wiegen sich zum oben stehenden Text hin und her.

Entspannende Klangmassagen

Eine Klangmassage ist eine wunderbare Möglichkeit, die Klänge direkt am Körper zu spüren. Mit welchem Instrument ist dies sonst so leicht möglich? Außerdem trägt sie dazu bei, dass Kinder leichter zur Ruhe kommen. Stellen Sie dazu eine Klangschale behutsam auf den Körper des Kindes. Spielen Sie die Schale mit einem Schlägel am oberen Rand an. Warten Sie, bis die Schale fast verklungen ist, erst dann wird sie erneut angespielt. Die sanfte Klangentspannung wird deutlich zu spüren sein und das Kind nimmt die verschiedenen Teile seines Körpers intensiver wahr.

Das Wort „Klangmassage" löst vielleicht Verwirrung aus. Man darf dabei keine Massage im klassischen Sinne erwarten. Diese Massage, eben von den Schwingungen der Klänge ausgehend, spüren wir nur sehr sanft und fein. Es fühlt sich eher so an, als würden wir gestreichelt werden. Gerade diese feinen Schwingungen und Klänge lassen uns tief entspannen und achtsam unseren Körper wahrnehmen.

Wenn du einen Stein in das Wasser wirfst, entstehen konzentrische Kreise. In deinem Körper befindet sich auch sehr viel Wasser. Wenn du auf deinen Körper eine Klangschale legst und diese anspielst, dann breiten sich die Klangschwingungen in dir aus, als würde das Wasser seine Kreise ziehen.

Die hier vorgestellten Methoden können und sollten nicht mit Klangmassagen für Erwachsene verglichen werden, so wie sie an verschiedenen Institutionen vermittelt werden.

Hinweis: Wenn bei den Klangmassagen (ab Seite 54) eine Sprechpause eintreten soll, wird dies mit drei Punkten gekennzeichnet (...).

Worauf ist bei einer Klangmassage mit Kindern zu achten?

Störquellen

Am besten lassen sich Klangmassagen in einem abgeschlossenen Raum, der relativ ruhig ist, ausführen. Achten Sie darauf, dass es keine Störquellen wie Handys, Radio oder andere Geräuschquellen gibt.

Alter und Dauer

Je jünger die Kinder sind, umso kürzer sollten die Klangmassagen zu Anfang sein. Erwarten Sie nicht, dass Kinder wie Erwachsene eine Stunde ruhig liegen bleiben. Lassen Sie sich einfach überraschen, was geschieht. Auch eine Klangmassage von ein paar Minuten Dauer entfaltet eine wunderbare, entspannende Wirkung.

Gewicht der Klangschale

Am besten eignen sich Schalen mit einem Gewicht zwischen 500 g bis zu ca. 2 kg – je nachdem, auf welcher Körperregion die Schale aufgestellt wird. Der Bauch eines Kindes ist z. B. nicht so belastbar wie die Beine oder der Beckenbereich. Viele Kinder lieben jedoch auch schwerere Klangschalen. Sie spüren das Gewicht der Schale gerne auf ihrem Körper.

Dies vermittelt ihnen Halt und Sicherheit. Haben Sie mehrere Klangschalen zur Auswahl, lassen Sie am besten das Kind selbst die Entscheidung treffen, welche Schale zum Einsatz kommt.

Klangschalen anwärmen

Manchmal fühlt es sich unangenehm an, wenn die verwendeten Klangschalen zu kalt sind. Wärmen Sie die Schale deshalb mit ihren Händen kurz an, bevor sie auf den Körper des Kindes aufgelegt werden. Befindet sich ein Heizkörper in der Nähe, empfiehlt es sich, die Klangschale dort anzuwärmen.

Aber auch eine Wärmflasche, mit warmem Wasser befüllt, kann gute Dienste leisten. Stellen Sie dazu die Schale einige Minuten, bevor die Klangmassage beginnt, auf die Wärmflasche.

Kleidung

Bequeme Kleidung lässt die Klangmassagen angenehmer erleben. Der Atem kann frei fließen und die Klangschwingungen werden am Körper besser wahrgenommen. Enge Gürtel, Armbänder, Uhren und lange Ketten besser ablegen, Brillen nach Bedarf an einen sicheren Ort legen.

Ein Platz zum Entspannen

Eine wesentliche Voraussetzung, damit die Kinder zur Ruhe kommen können, ist ein gemütlicher Ort, ausgestattet mit Polstern, Decken, Lagerungskissen und Matten. Das kann ein Raum sein, den Sie eigens für die Klangarbeit verwenden, der Bewegungsraum oder eine Kuschel-Klangecke im Gruppenraum, wie sie rechts beschrieben wird. Auch mittags oder abends zu Hause als Einschlafritual bieten sich Klangmassagen an.

Lagerungskissen und Polster

Um Klangmassagen und Wohlfühlpausen zu genießen, ist es sehr wichtig, einen gemütlichen Platz, der zum Ausruhen einlädt, einzurichten. Dazu werden Lagerungskissen, Decken und Polster auf einer Matte platziert. Die Kinder können es sich darin gemütlich machen.

Je jünger die Kinder sind, umso wichtiger ist es, dass sie die Begrenzung ihres Körpers wahrnehmen. Achten Sie darauf, dass die Füße Kontakt zu einem Lagerungskissen oder Polster haben. Das vermittelt Sicherheit und Erdung. Viele Kinder empfinden es als sehr angenehm, wenn zwei Lagerungskissen oder zwei zusammengerollte Decken rund um den ganzen Körper gelegt werden. So entsteht eine Schutzhülle, in der es sich leichter zur Ruhe kommen lässt.

Kuschel-Klangecke

Kinder lieben selbst gebaute Höhlen. Ganz leise schlüpfen die Kinder in ihre Kuschelklangecke, verstecken sich unter den weichen Decken und Polstern, stellen Klangschalen um sich auf oder lassen sie auf ihrem Bauch erklingen.

Alter: ab 3 Jahren
Material: 1 Strandmuschel oder 1 Tisch; Decken; Tücher; Kissen; Klangschale(n) und Schlägel

Für die Kuschel-Klangecke eignen sich Tische, die mit Decken und Tüchern bedeckt werden. Ebenso können kleine Zelte oder eine Strandmuschel verwendet werden. Die Strandmuschel mit Kissen und Klangschalen ausstatten und vorne mit Tüchern zuhängen. In dieser Wohlfühloase experimentieren die Kinder mit den Klängen oder verwöhnen sich mit Klangmassagen.

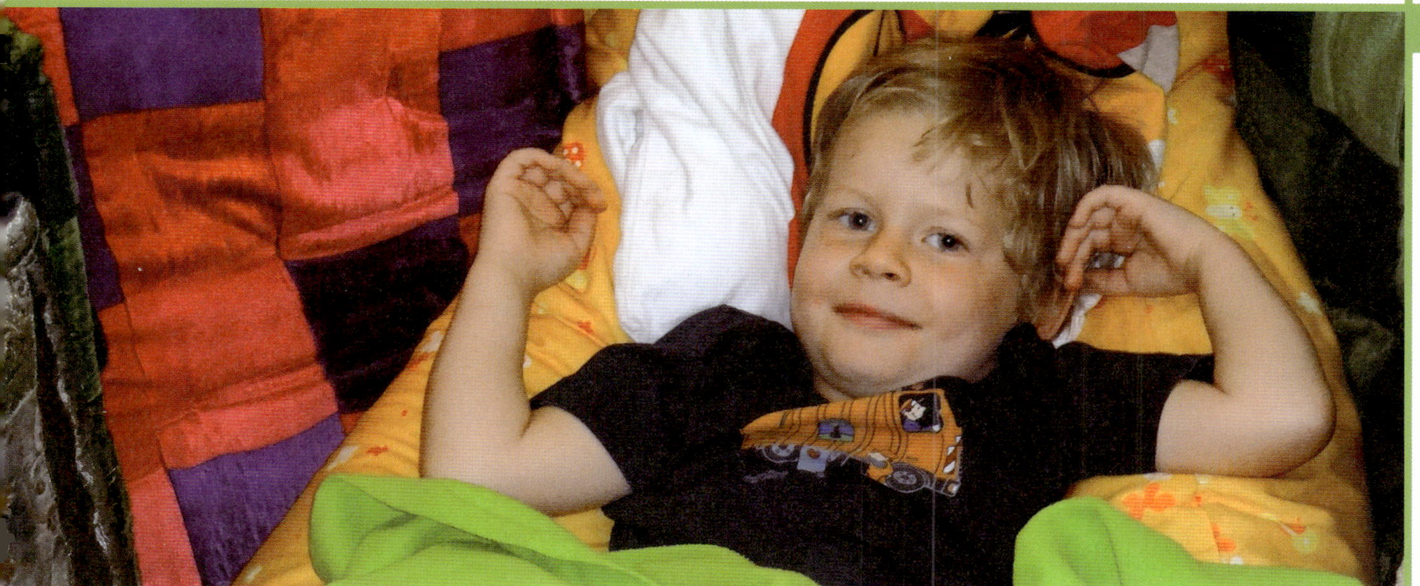

Klangentspannungsbett

Wenn sich die Kinder in das Klangentspannungsbett kuscheln und eine Klangschale auf den Bauch oder Rücken aufgestellt und angespielt wird, spüren sie die Schwingungen in ihrem Körper noch sanfter. Ganz fein und unaufdringlich verwöhnen sie die Klänge. Das hier vorgestellte Klangentspannungsbett ist sehr stabil und belastbar. Nicht nur Kinder sondern auch Erwachsene können sich darauf legen. Die Luftballons gehen nicht kaputt und das Bett hält einige Wochen viele Belastungen aus.

Alter: ab 3 Jahren
Material: 1 Bettüberzug; ca. 100 Luftballons; 1 Klangschale; 1 Schlägel

Blasen Sie ca. 100 Luftballons nicht zu prall auf und knoten Sie sie zu. Geben Sie die Luftballons in einen Bettüberzug. Schließen Sie den Bettüberzug. Schon ist das Luftballonbett fertig.

Das Bett kann vorerst ruhig einmal zum Toben und Tollen verwendet werden. Nachdem damit genug experimentiert wurde, gehen Sie zum ruhigeren Teil über. Ein Kind kuschelt sich in das Bett. Sie stellen dem Kind eine Klangschale auf den Bauch oder Rücken und spielen diese in gleichmäßigem Rhythmus sanft an. Nach ein paar Minuten ist das nächste Kind an der Reihe.

Mein Entspannungsplatz

Kinder lieben es, sich einen eigenen kleinen Platz zum Kuscheln zu gestalten. Mit großem Eifer erbauen sie ihren ganz persönlichen Platz zum Entspannen.

Alter: ab 3 Jahren
Material: Matten; Decken; Polster; Kuschelkissen

Stellen Sie genügend Matten, Decken, Polster und Kuschelkissen zur Verfügung. Jedes Kind gestaltet mit diesen Materialien seinen Kuschelplatz, bevor die Klangreise, die Klangentspannung oder die Klangspiele beginnen.

Den Kindern gefällt es auch, während einer Klangeinheit zu wissen, dass sie sich jederzeit auf ihren Kuschelplatz zurückziehen können. Er gibt ihnen Halt und Rückzugsmöglichkeit und führt sie sicher durch eine Klangstunde.

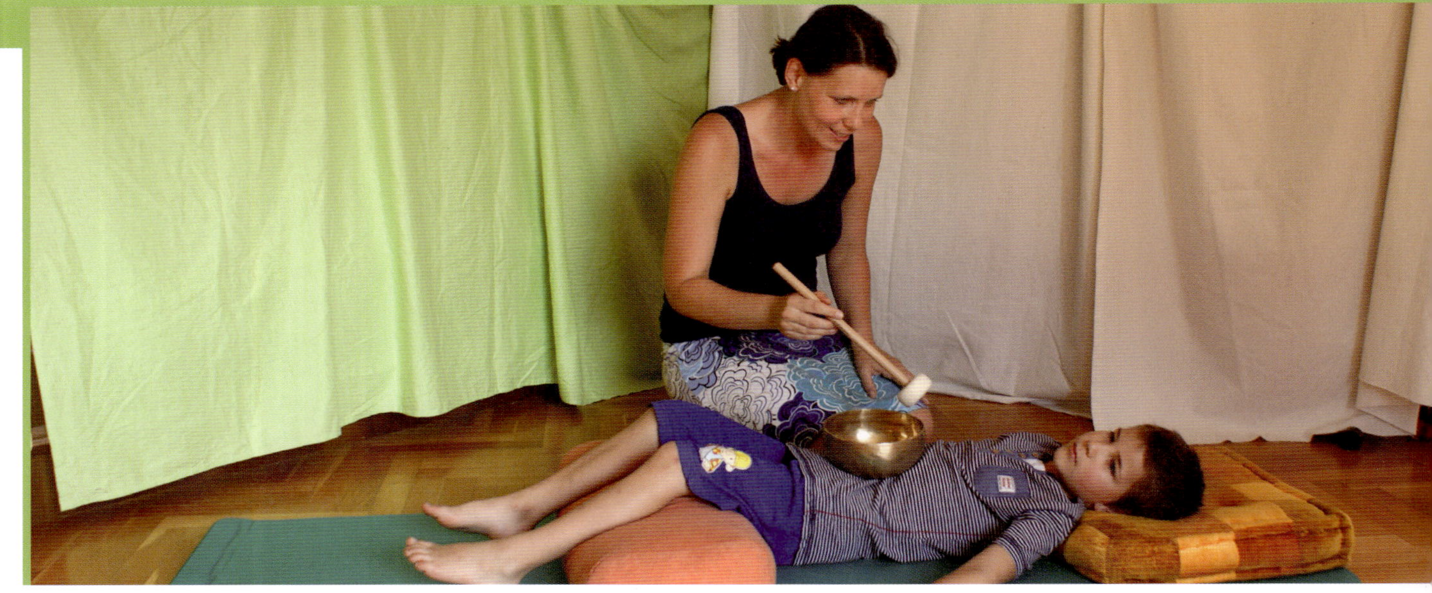

Klangmassagespiele mit einer Klangschale

Kinder sind von Natur aus neugierige Wesen. Sie wollen wissen, was geschieht und können sich oft erst entspannen, wenn sie Vertrauen zu der Methode gefasst haben. Deshalb ist es wichtig, den Kindern Möglichkeiten zu bieten, mit der Klangschale eigene Erfahrungen zu sammeln, so wie sie in den vorigen Kapiteln beschrieben wurden. Die in diesem Kapitel vorgestellten Klangmassagen sind sehr kreativ gestaltet. Kinder lieben es, sich im Rollenspiel in andere Tiere zu verwandeln oder die Klangmassage in Form einer Fantasiegeschichte zu erleben.

Warme Sonnenstrahlen

Die Wärme der Sonne tut uns Menschen besonders gut. Vor allem in den kälteren Monaten des Jahres brauchen wir besonders viel von den warmen Sonnenstrahlen. Sie versorgen uns mit Energie und dem wichtigen Vitamin D.

Alter: ab 3 Jahren
Material: Matten; Decken; Kissen; 1 Klangschale; 1 Schlägel; evtl. pro Kinderpaar 1 Klangschale und 1 Schlägel

Vorbereitung

Die Klangschale wird auf einem Heizkörper, einem Ofen oder einer Wärmflasche angewärmt. Das Kind macht es sich vor Ihnen auf dem Rücken liegend auf einer Matte gemütlich. Achten Sie darauf, dass es gut gebettet liegt und genügend Polster oder Lagerungskissen vorhanden sind. Nehmen Sie neben der Matte auf dem Boden Platz. Die vorgewärmte Klangschale und der Schlägel liegen griffbereit in Ihrer Nähe. Sprechen Sie den folgenden Text mit ruhiger Stimme dem Kind zugewandt und führen Sie die Klangmassage wie folgt aus:

Mache es dir auf dem Boden bequem, lege dich so hin, dass du dich wohl fühlst, atme ruhig ein und aus. Spüre, wie beim Einatmen dein Bauch dick wie ein Luftballon und beim Ausatmen wieder ganz klein wird. Stell dir einen wunderschönen, warmen Sonnentag vor, die Sonne scheint mit ihren hellen Strahlen vom Himmel, bis zu dir. Du kannst die warmen Sonnenstrahlen sogar auf deinem Körper spüren. (die vorgewärmte Klangschale auf den Bauch des Kindes legen und ruhig, in gleichmäßigem Rhythmus anspielen). *Das tut gut! Die Klangschale hat sich jetzt in eine kleine Sonne verwandelt und schickt dir die Sonnenklangstrahlen direkt in deinen Körper.* (die Klangschale für einige Minuten weiter anspielen) *Du spürst wie ganz viel neue Kraft in dir zu fließen beginnt. Du bekommst neue Energie.* (diese Sprechpause entsprechend den Bedürfnissen des Kindes anpassen und die Klangschale weiter anspielen, solange das Kind die Klangmassage genießt.) *Ich nehme die Schale jetzt wieder von deinem Bauch herunter.* (die Klangschale ausklingen lassen und vorsichtig vom Bauch herunternehmen.) *Strecke und recke dich ein wenig, wie eine Raubkatze im Urwald. Wenn du aufstehst, fühlst du dich ganz frisch und gut ausgeruht.*

Variante in der Gruppe

Wird dieses Klangmassagespiel in der Gruppe ausgeführt, finden sich die Kinder als Paare zusammen. Jedes Paar bekommt eine vorgewärmte Klangschale. Ein Kind legt sich auf die Matte und das andere führt die Klangmassage aus. Sie sprechen dazu den Text langsam und mit ruhiger Stimme vor. Dann wird gewechselt.

Klanglichter

Die folgende Klangentspannung lädt die Kinder ein, ihre Aufmerksamkeit in ihren Körper zu lenken. Sie hilft dabei, die Wahrnehmung von äußeren Reizen weg nach innen zu leiten und unterschiedliche Körperteile entspannt wahrzunehmen.

Alter: ab 3 Jahren
Material: Matten; Decken; Kissen; 1 Klangschale; 1 Schlägel; evtl. 1 Klangschale und 1 Schlägel pro Kinderpaar

Das Kind macht es sich vor Ihnen auf einer Matte gemütlich. Achten Sie darauf, dass es gut gebettet ist und genügend Polster oder Lagerungskissen vorhanden sind. Ob das Kind auf dem Bauch oder dem Rücken liegt, ist nicht wichtig. Es soll sich so hinlegen, wie es ihm am bequemsten ist. Nehmen Sie neben der Matte auf dem Boden Platz und sprechen Sie den folgenden Text mit ruhiger Stimme langsam vor. Führen Sie die Klangmassage wie folgt aus:

Mache es dir auf dem Boden bequem, lege dich so hin, dass du dich wohl fühlst. Atme ruhig ein und aus. Spüre wie beim Einatmen dein Bauch dick und beim Ausatmen wieder ganz klein wird. Ich lege jetzt eine Klangschale auf deinen Bauch/ Rücken, ... ganz vorsichtig, sodass sie nicht herunterfällt. Ich spiele sie sanft an (Klangschale auf den Bauch oder Rücken legen und sanft in ruhigem Rhythmus anspielen.) *Kannst du es spüren? Stell dir vor, die Schwingungen der Klangschale sind aus warmem Licht und mit jedem Anspielen schickt dir die Klangschale warmes Licht in deinen Bauch. Dein Bauch/Rücken wird angenehm warm von diesen Klanglichtern. Die Klanglichter breiten sich von deinem Bauch/Rücken ausgehend in deinem Körper aus, bis zu deinen Beinen und Füßen, sogar bis zu deinen Zehenspitzen. Auch zu deinen Armen und Händen, sogar bis zu deinen Fingerspitzen. Die Klanglichter fließen bis zu deinem Kopf. Die Klanglichter haben sich in deinem ganzen Körper ausgebreitet und das fühlt sich wunderbar warm und leicht an. Stell dir vor, wie dir die Klanglichter neue Kraft und Energie geben.* (mehrmaliges Anspielen der Klangschale, danach Klangschale ausklingen lassen und vorsichtig vom Bauch oder Rücken nehmen) *Ich nehme die Schale jetzt wieder von deinem Bauch/Rücken herunter. Strecke und recke dich ein wenig, wie eine Raubkatze im Urwald. Wenn du aufstehst, fühlst du dich ganz frisch und gut ausgeruht.*

Variante ab 5 Jahren

Wird das Klangmassagespiel in der Gruppe ausgeführt, finden sich die Kinder als Paare zusammen. Ein Kind legt sich auf die Matte und das andere führt die Klangmassage aus. Sie sprechen dazu den Text langsam und mit ruhiger Stimme vor. Danach wird gewechselt.

Der kleine Bär hält Winterschlaf

Bären schlafen lange und tief über die Wintermonate. Dazu machen sie es sich in ihrer Höhle gemütlich. Erst im Frühling, wenn die Sonnenstrahlen wieder stärker werden und die Vögel zu zwitschern beginnen, erwachen sie ganz gemächlich.

Alter: ab 3 Jahren
Material: Matten; Decken; Kissen; 1–2 Klangschalen; 1 Schlägel; Triangel

Gestalten Sie gemeinsam mit den Kindern mit vielen Decken und Kissen einen gemütlichen Ort zum Entspannen. Ein Kind spielt den kleinen Bären, der sich zum Winterschlaf in seine Höhle zurückzieht. Wenn es sich gemütlich in die Decken gekuschelt hat, legen Sie eine oder zwei Klangschalen auf den Körper des Kindes und spielen sie passend zum Text sanft an.

Schließe, wenn du möchtest, einmal deine Augen. Horche einen Augenblick in dich hinein, ob du gut liegst. Stell dir einmal vor, du bist ein kleiner Bär ... mit ganz weichem Fell. Du liegst in deiner Höhle und hältst deinen Winterschlaf, ruhig und entspannt liegst du da. (Klangschale(n) auflegen und anspielen) *Du nimmst wunderbare Klänge wahr, spürst ein angenehmes Kribbeln auf deinem Körper, dein Körper entspannt sich immer mehr und mehr dabei. Du wirst immer ruhiger, deine Arme und Beine ruhen sich aus, sie werden ganz schwer. Genieße die Klänge der Klangschalen auf deinem Körper, dein Kopf wird ganz schwer. Dein Körper fühlt sich angenehm warm an. Du weißt, es gibt für dich jetzt gar nichts zu tun, einfach nur da sein, ruhen und genießen.* (die Klangschalen für einige Minuten weiter anspielen) *Die Sonne am Himmel beginnt nun nach den langen Wintermonaten wieder kräftiger zu scheinen, du spürst, dass es Frühling wird. Es wird jeden Tag ein bisschen wärmer. Du hörst von der Ferne einen hellen Klang, der dich ganz behutsam daran erinnern möchte, dass es Frühling wird.* (Klangschalen ausklingen lassen und vom Körper nehmen, Triangel anspielen) *Deine Zehen und Fingerspitzen beginnen sich wieder zu bewegen. Du reckst dich und streckst dich und krabbelst frisch und erholt aus deiner Höhle heraus.* (Das Kind krabbelt aus der Decke und streckt sich gut durch).

Das verschlafene Kätzchen

Katzen schlafen gerne und lang. Sie lieben es an einem gemütlichen Ort zu verweilen, an dem es warm und kuschelig ist. So kann es schon einmal vorkommen, dass das eine oder andere Kätzchen stundenlang schläft und kuschelt.

Alter: ab 3 Jahren
Material: 1 Matte; Decken und Kissen; 1 Klangschale; 1 Schlägel

Das Kind macht es sich vor Ihnen gemütlich. Es rollt sich zusammen wie ein Kätzchen, das müde ist. Fragen Sie das Kind: *„Kleines Kätzchen, wie lange schläfst du noch?"* Das Kind antwortet z. B. *„Sieben Stunden."* Legen Sie die Klangschale auf den Bauch oder den Rücken des Kindes und spielen Sie sie siebenmal langsam und ruhig an.

Variante in der Gruppe

Ein Kind liegt auf einer Matte, in Decken und Polster gekuschelt. Es spielt das Kätzchen. Die übrigen Kinder setzen sich im Kreis um die Matte. Neben Ihnen liegen die Klangschale und der Schlägel griffbereit.

Die Kinder im Kreis fragen: *„Kleines Kätzchen, wie lange schläfst du noch?"* Das Kätzchen antwortet z. B.: *„Fünf Stunden."* Spielen Sie die Klangschale nun fünfmal ruhig und gleichmäßig an, während die Kinder das Kätzchen sanft streicheln und massieren. Anschließend wird ein neues Kätzchen gewählt. Wie lange schläft es wohl diesmal? Drei, sieben oder etwa zehn Stunden?

Das Schildkrötenkind

Schildkröten bewegen sich langsam. Sie sind leise Tiere. Wenn es ihnen zu laut oder zu gefährlich wird, ziehen sie sich in ihren Panzer zurück. Im Inneren finden sie Schutz und Geborgenheit. Dort fühlen sie sich sicher.
Von Tieren können wir uns so manches abschauen. So wie die Schildkröte sich in ihren Panzer zurückzieht, haben auch wir Menschen von Zeit zu Zeit das Bedürfnis nach Abgrenzung. Oft können Kinder ihren Wunsch nach Rückzug nicht artikulieren. Mithilfe einfacher Wahrnehmungsspiele können wir sie ermutigen, sich den Raum für Rückzug mit gutem Gewissen zu nehmen. Die Klangschale lädt Kinder bei dem folgenden Wahrnehmungsspiel ein, leise zu werden, nach innen zu lauschen und die eigenen Bedürfnisse besser wahrnehmen zu können.

Alter: ab 3 Jahren
Material: : 1 Klangschale; 1 Schlägel; 1 leichte Decke; 1 Matratze oder Matte

Das Kind liegt bäuchlings auf der Matratze oder Matte. Auf den Rücken des Kindes wird eine weiche, leichte Decke gelegt. Die Decke stellt den Panzer des „Schildkrötenkindes" dar. Nur die Beine, die Arme und der Kopf schauen noch heraus. Nehmen Sie neben der Matte bequem Platz. Die Klangschale und der Schlägel liegen griffbereit.

Legen Sie auf eine Hand oder auf einen Arm des Kindes die Klangschale und spielen Sie sie einige Male sanft an. Vielleicht bemerken Sie, dass sich Anspannungen lösen. Dann schieben Sie den Arm des Kindes behutsam unter die Decke (Panzer). Dasselbe wird mit dem zweiten Arm und beiden Beinen wiederholt, bis alle Körperteile unter der Decke verschwunden sind. Möchte das Schildkrötenkind auch seinen Kopf unter der Decke verstecken? Ist das Kind sicher in seinem Panzer versteckt, können Sie die Klangschale noch auf den Rücken des Kindes auflegen und für einige Minuten anspielen.

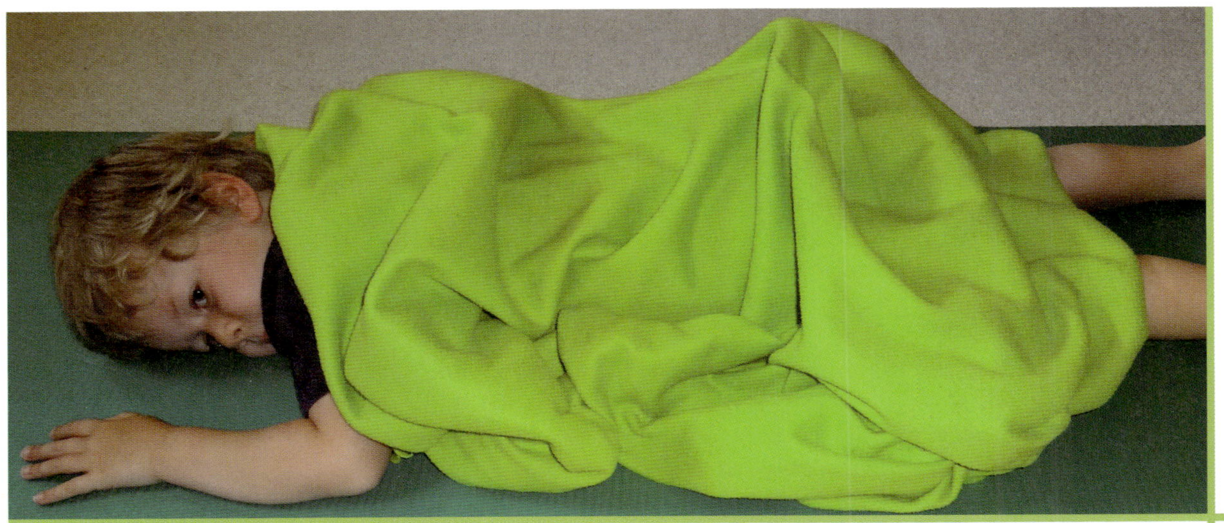

Progressive Muskelentspannung

Die Progressive Muskelentspannung (PME) wurde in den 1920er und 30er Jahren von Prof. Edmund Jacobson entwickelt. Deren Ziel ist es, Entspannung einzelner Muskelgruppen herbeizuführen, die durch Stress zu einer erhöhten Anspannung führen. Dabei wird eine Reise durch den Körper angeleitet und ganz bewusst wahrgenommen. Durch bewusste Anspannung einzelner Körperteile mit anschließendem Loslassen wird diese Entspannung erreicht. Gesteigertes Wohlbefinden sowie Gelassenheit und innere Ruhe sind die Folgen. Wir kombinieren die PME mit der Klangschale und deren angenehmer, entspannender Wirkung direkt auf dem Körper der Kinder.

Alter: ab 5 Jahren
Material: 1 Matte; 1 Klangschale; 1 Schlägel

Das Kind legt sich bequem auf die Matte und nimmt seine Unterlage wahr. Wenn es möchte, kann es seine Augen schließen. Leiten Sie es an, seine Aufmerksamkeit auf seinen rechten Arm zu lenken.

Fordern Sie das Kind auf, seine Hand zu einer Faust zu ballen, dabei ruhig und gleichmäßig weiter zu atmen, diese Spannung für etwa 5 – 7 Sekunden zu halten, um danach mit einem Ausatmen die Spannung zu lösen. Legen Sie gleich die Klangschale auf die geöffnete Hand des Kindes und spielen Sie diese einmal an. Das Kind genießt die Entspannung in seiner Hand und nimmt diese bewusst wahr. Die Übung noch einmal wiederholen.

Anschließend weitere Körperteile in der angeführten Reihenfolge anleiten. Passen Sie die Anzahl der Muskelgruppen an das Alter und die Konzentrationsfähigkeit des Kindes an. Es können z. B. auch nur die Hände, Füße und der Bauch angespannt und entspannt werden.

Auf dem Rücken liegend

- rechte Hand
- linke Hand
- Gesichtsmuskeln anspannen, Stirn runzeln, Lippen zusammenpressen, Nase rümpfen, Kiefermuskulatur anspannen (evtl. die Klangschale über der Stirn halten oder eine kleine Zen-Klangschale auf die Stirn auflegen)
- Bauchmuskeln
- Pobacken
- rechten Oberschenkel auf den Boden drücken
- linken Oberschenkel auf den Boden drücken
- rechte Wade
- linke Wade
- Fuß und Zehen

Auf dem Bauch liegend

- Schultermuskeln anziehen
- Rückenmuskeln anspannen

Das Klangbad

Eingehüllt zu werden von den sanften Klängen der Klangschalen ist ein wunderbares Gefühl. Von allen Seiten können bei diesem Klangbad die Klangschwingungen gehört und gespürt werden. Stehen zwei oder mehr Schalen zur Verfügung, ist es ein besonderes Erlebnis, das Kind in ein Klangbad eintauchen zu lassen.

Alter: ab 4 Jahren
Material: 1 Matte; mind. 2 oder mehr Klangschalen; 1 Schlägel; evtl. weitere, lang klingende Klanginstrumente wie Triangel, Glöckchen oder Schellen

Das Kind liegt gemütlich auf einer Matte. Stellen Sie die am tiefsten klingende Klangschale hinter den Füßen des Kindes auf, die am höchsten klingende Schale platzieren Sie hinter dem Kopf. Stehen noch weitere Klangschalen zur Verfügung, stellen Sie diese rund um das Kind auf.

Gehen Sie nun in langsamen, meditativen Schritten um das liegende Kind herum und spielen Sie nach der Reihe die Klangschalen sanft und gleichmäßig an. Das Kind wird im Bad der Klänge rasch zur Ruhe kommen und die Klangschwingungen von allen Seiten genießen können.

Variante in der Gruppe

Ein Kind macht es sich auf einer Matte liegend bequem. Die übrigen Kinder platzieren sich rund um das liegende Kind. Jedes Kind erhält entweder eine Klangschale oder ein ähnlich klingendes Klanginstrument (Triangel, Glöckchen, ...). Auf ein Zeichen beginnt das Klangkonzert. Die Kinder spielen ihre Klanginstrumente sehr ruhig und in einem langsamen Rhythmus an. Das liegende Kind in der Mitte wird von den Klängen der Kinder rundherum verwöhnt.

Kinderklangmassage

Zitate von Kindern nach Erfahrungen mit einer Klangmassage

- *Wenn man dem Klang lauscht, verfeinert sich das Gehör.*
- *Klang macht entspannter und vibriert im Körper.*
- *Es war schön warm, wie am Lagerfeuer.*
- *Es kribbelt so angenehm im Körper.*
- *Ich fühle mich einfach ganz gut.*
- *Ich wäre am liebsten eingeschlafen.*

Durch das Auflegen der Schalen können Sie gezielte Wahrnehmungen einzelner Körperteile fördern. Verspannungen können sich sanft lösen, tiefe Entspannungszustände eintreten. Dabei sollte immer die Freude an schönen Klangerlebnissen an erster Stelle stehen.

Jüngeren oder sehr unruhigen Kindern hilft es z. B. oft, wenn die Klangmassage mit Worten begleitet wird. Sie fühlen sich besser aufgehoben, wenn sie mit Worten in die Entspannung begleitet werden. Die Sprache wird dann nach und nach zurückgenommen. Bei schüchternen Kindern kann es auch hilfreich sein, die Klangmassage zuerst an einem Erwachsenen oder an einer Puppe vorzuzeigen.

Diese mit Worten unterlegte Klangmassage hilft dem Kind, sich seines Körpers, vor allem der verschiedenen Körperteile bewusst zu werden. Eine wichtige Voraussetzung, um das Leben im Alltag bewusst zu gestalten, Grenzen wahrzunehmen, zu respektieren und sich in seinem Körper wohlzufühlen. Nach mehrmaligem Anwenden der Klangmassage können Sie dann die Worte weglassen und nur noch die Schale auflegen.

Klangmassage mit Worten

Alter: ab 4 Jahren
Material: 1 Klangschale; 1 Schlägel; 1 Matte; evtl. 1 Polster

Eine Klangschale wird auf die Füße des Kindes gelegt. Spielen Sie die Schale im oberen Drittel mit einem Schlägel sanft an. Machen Sie dann eine Bewegung, als würden Sie den Klang aus der Schale wieder herausziehen. Dadurch entsteht ein angenehmer, sanfter Klang. Die Klangschale einige Male mit dem Schlägel anspielen. Eine größere Klangschale findet auf beiden Füßen gleichzeitig Platz, eine kleinere Klangschale zuerst auf dem einen Fuß, dann auf dem anderen Fuß anspielen. Sie können die Klangschale auf den Füßen fixieren, indem sie mit der freien Hand die Schale innen am Boden nach unten Richtung Füße drücken. So kann die Klangschale nicht mehr verrutschen. In der anderen Hand halten Sie den Schlägel:

Ich lege die Klangschale auf deine Füße. Deine Füße tragen deinen ganzen Körper von einem Ort zum anderen. Ich spiele die Klangschale an, damit sich deine Füße entspannen können. Sie möchten jetzt zur Ruhe kommen und verwöhnt werden. Die Schwingungen der Klangschale finden wie von selbst ihren Weg über deine Fußsohlen in deinen Körper. (Nach mehrmaligem Anspielen lassen Sie die Schale auf den Füßen ausklingen. Erst, wenn nichts mehr zu hören ist, nehmen Sie sie vorsichtig herunter und legen sie auf den Rücken des Kindes.)

Jetzt lege ich die Klangschale auf deinen Rücken. Kannst du spüren, wie die Schwingungen in deinen Körper gelangen? Du wirst dabei ganz ruhig. Dein Körper entspannt sich. Lausche und spüre. (Nachdem die Schale nach wiederholtem Anspielen ausgeklungen ist, schieben Sie sie vorsichtig zum Nackenbereich des Kindes. Spielen Sie hier die Schale besonders leise an. Durch die Nähe zu den Ohren wird der Klang sehr intensiv wahrgenommen.)

Jetzt lege ich die Schale auf deinen Nacken. Vielleicht spürst du hier manchmal Verspannungen vom Sitzen oder Schreiben. Die Klänge der Klangschalen massieren dich ganz sanft und liebevoll. (Wenn Sie eine zweite Klangschale zur Verfügung haben, legen Sie die größere Schale auf das Steißbein des Kindes und die kleinere auf den Brustkorb. Spielen Sie die Schalen in einem gleichbleibenden, langsamen Rhythmus abwechselnd an.)

Jetzt lege ich eine zweite Schale auf deinen Körper und spiele sie abwechselnd an. Du spürst, wie du dich noch mehr entspannst. Du weißt, es gibt jetzt gar nichts für dich zu tun. Einfach nur spüren und lauschen. (Nachdem Sie die Schalen verklingen lassen, nehmen Sie sie vorsichtig vom Körper des Kindes. Laden Sie das Kind ein, sich ganz langsam umzudrehen. Legen Sie, wenn notwendig, einen Polster unter den Kopf oder unter die Knie, sodass sich das Kind gut entspannen kann. Die Klangschale nun auf den Bauch auflegen und sanft anspielen.)

Ich lege die Klangschale auf deinen Bauch. Dein Bauch hebt und senkt sich, wenn du ein- und ausatmest. Kannst du es spüren? Die Schale kann nicht herunterfallen, weil ich sie festhalte. Vielleicht spürst du, wie die Klangschwingungen über deinen Bauch in deinen Körper gelangen. Dein Bauch wird ganz warm.

Sie können die Schale auch noch auf den Handinnenteller des Kindes legen. Auch auf den Beinen fühlen sich die Klangschwingungen sehr angenehm an. Experimentieren Sie ruhig ein wenig mit den verschiedenen Körperstellen. Beenden Sie die Klangmassage wieder an den Füßen, indem Sie die Schale einfach unter den Füßen platzieren und einige Male anspielen.)

Fragen nach einer Klangmassage

Fragen Sie das Kind nach einer Klangmassage, wie es ihm gefallen hat. Sie finden hier einige Beispielfragen, die sich bei Kindern bewährt haben. Wählen Sie einige Fragen nach Ihrem Empfinden aus.

- *Was hast du während der Klangmassage erlebt?*
- *Wo hat es in deinem Körper „geschwungen“?*
- *Hast du den Boden unter dir gespürt?*
- *Hast du rund um dich etwas wahrgenommen?*
- *Welche Körperteile fühlen sich jetzt besonders entspannt an?*
- *Wie fühlst du dich jetzt?*
- *Woran hat dich das Gefühl während der Klangmassage erinnert?*
- *Kennst du dieses Gefühl?*

Möglichkeiten zur Weiterarbeit nach Klangangeboten

Die meisten Kinder werden gerne von sich aus weitere Erlebnisse erzählen. Sie können den Kindern auch einen Zettel und schöne Stifte anbieten, um das Erlebte aufzumalen. Diese Bilder können auch als Anker verwendet werden (s. auch S. 37). Das Prinzip des „Ankersetzens“ kommt aus dem NLP (Neurolinguistisches Programmieren). Der Anker kann eine Geste, eine Berührung, ein Bild aber auch ein Ton, ein Wort oder ein Geruch sein. Grundsätzlich kann jeder Sinneseindruck als Anker eingesetzt werden. Verwendet das Kind das Bild als Anker, so kann es sich für sein Bild einen schönen Platz in seinem Zimmer oder an der Wand vor seinem Schreibtisch suchen. Sobald das Kind das Bild ansieht, wird sein Unbewusstes an die Entspannung und dem damit verbundenem, angenehmen Gefühl während der Klangmassage erinnert. Die hier aufgeführten Möglichkeiten der Weiterarbeit bieten sich nach Klangmassagen, Klangreisen oder anderen Klangangeboten an.

Malen

Alter: ab 3 Jahren
Material: Blätter; Farbstifte; Ölkreiden; Wasserfarben

Stellen Sie nach dem jeweiligen Angebot Farbstifte, Ölkreiden oder Wasserfarben zur Verfügung. Die Kinder können das innerlich Erlebte auf das Blatt Papier bringen. So gehen die inneren Bilder im Alltag nicht verloren, wenn das Gemalte anschließend im Gruppenraum aufgehängt oder mit nach Hause genommen wird.

Mandala

Alter: ab 3 Jahren
Material: farbiger Sand; Steine; verschiedene kleine Hölzchen; Muscheln; Kastanien o. Ä; Tücher; Gymnastikreifen oder rundes Blatt Papier

Das Wort Mandala kommt aus dem Sanskrit und bedeutet Kreis mit einem festen, inneren Bezugspunkt. Somit steht es auch als Symbol für innere Ordnung. Das Legen eines Mandalas hat seinen Ursprung in der tibetischen Lebensweise. Dabei geht es nicht um das vollendete Kunstwerk, sondern um die Tätigkeit an sich. Mönche legen oft bis zu einigen Wochen lang wunderschöne Mandalas aus farbigem Sand, die nach der Vollendung wieder weggewischt werden. Dies soll die Vergänglichkeit des Lebens symbolisieren. Kinder legen Mandalas gerne nach Klangangeboten. Stellen Sie dazu Materialien wie farbigen Sand, Steine und verschiedene kleine Hölzchen zur Verfügung. Je nach Thema oder jahreszeitenbezogen können auch Muscheln, Herbstblätter oder Kastanien bereitgestellt werden.

Das Mandala selbst kann in der Einzelarbeit auf einem aus Tonpapier ausgeschnittenen Kreis, in einem Gymnastikreifen oder auf einem runden Tablett gelegt werden.

In der Gruppe kann das Mandala auch gemeinsam auf einem großen, runden Tuch gestaltet werden.

Tonarbeit

Alter: ab 3 Jahren
Material: Ton; Unterlage; evtl. Salzteig oder lufttrocknende Modelliermasse

Die Nacharbeit mit Ton ist ein wunderbar sinnliches Erlebnis, um die Klangarbeit nachwirken zu lassen. Legen Sie vor jedes Kind ein kleines Stück Ton mit entsprechender Unterlage. Ohne Sprache und zu ruhiger Musik können die Kinder aus ihrem Stück Ton formen, was nun eben entstehen mag. Ältere Kinder werden dazu eingeladen, mit geschlossenen Augen zu formen, um sich anschließend überraschen zu lassen, was entstanden ist.

Toll ist es natürlich, wenn Sie die Möglichkeit haben, den Ton anschließend in einem Brennofen zu brennen.

Variante

Statt mit Ton kann natürlich auch mit Salzteig oder lufttrocknender Modelliermasse gearbeitet werden.

Eine kleine Klangschale

Alter: ab 6 Jahren
Material: 1 kleine Klangschale (z. B. Zen- oder Assam-Klangschale); 1 kleines Reibholz

Ältere Kinder können nach einer Klangmassage eine kleine Klangschale auf ihren Schreibtisch stellen. Spielen sie diese während der Hausaufgaben an, kann sich ihr Körper wieder an das entspannende Klangerlebnis erinnern und entspannte Konzentration wird möglich.

Klangreisen mit der Klangschale

Kinder geben ihren inneren Gefühlen und Bildern noch viel Raum. Sie träumen auch in Wachphasen viel häufiger als Erwachsene. Fantasiereisen unterstützen diesen wichtigen, natürlichen Prozess. Sie wirken harmonisierend und helfen den Kindern, sich innerlich zu ordnen. Werden die Fantasiereisen mit den ruhigen Tönen der Klangschale verbunden, so verstärken die Klänge den entspannenden Effekt.

Jeder der hier vorgestellten Texte kann verändert werden, um ihn zum Beispiel dem Alter, der Ausdauer oder dem Verständnis der Kinder anzupassen. Wenn eine Sprechpause eintritt, wird dies in den Fantasiereisen mit drei Punkten versehen (...). Gestalten Sie diese Pause je nach Ausdauer und Bedürfnis der Kinder.

Der Einsatz der Klangschalen sollte sehr achtsam geschehen. Spielen Sie an den vermerkten Stellen die Schale(n) gefühlvoll und gleichmäßig an. Erneut wird die Schale angespielt, wenn der Klang der Schale fast nicht mehr zu hören ist.

Für jedes Kind sollte ein gemütlicher Platz eingerichtet sein – entweder mit Matten, Decken, Kissen oder Lagerungskissen. Die Kinder können sich aber „vor Beginn der Reise“ ihren eigenen Entspannungsplatz auch selbst herrichten.

Klangfantasiereisen

Die Feder

Alter: ab 3 Jahren
Material: 1 Klangschale; 1 Schlägel

Die Spielleitung spricht:

Lege dich bequem hin. Du spürst den Boden unter dir, du nimmst die Geräusche rund um dich wahr, sie werden immer unwichtiger, du wirst immer ruhiger. Deine Reise kann beginnen. Hoch über dir fliegt ein Vogel, ein schöner, weißer, großer Vogel. Er hebt und senkt seine Flügel, kaum hörbar. Langsam und ruhig fliegt er dahin, sieh ihn dir genau an. Da, eine Feder löst sich aus seinem Gefieder. Langsam fällt sie von ihm herab. (Klangschale anspielen) *Die weiße Feder gleitet durch die Luft, der Wind spielt mit ihr, auf und nieder schwebt sie durch die Luft. Zart ertönt ihre Musik.* (Klangschale einige Minuten anspielen) *Die Feder landet direkt in deiner Hand, sie fühlt sich wunderbar weich und warm an. Kannst du es spüren?* (Klangschale anspielen) *Die Feder will dir Glück bringen. Sie gehört dir ganz alleine. Sie ist ein Geschenk vom weißen, großen Vogel, der schon längst hinter den Bergen verschwunden ist. Langsam geht deine Reise zu Ende. Du reckst dich und streckst dich ein wenig, atmest tief ein und aus und wenn du deine Augen öffnest, bist du wieder hellwach.*

Die Höhle

Alter: ab 3 Jahren
Material: 1 – 3 Klangschale(n); 1 Schlägel

Die Spielleitung spricht:

Suche dir einen Platz, auf dem du dich wohlfühlst. Mache es dir bequem, sodass du für die nächsten Minuten gut liegen (sitzen) kannst. Atme tief ein, sodass dein Bauch dick wird wie ein Luftballon. Amte aus, sodass dein Bauch dabei wieder ganz klein wird.

Stell dir vor, du gehst auf einen Berg. Rund um dich stehen grüne, starke Bäume. Sie beschützen dich auf deinem Weg. Oben am Berg angekommen, entdeckst du eine Höhle. Sie sieht warm und einladend aus. Und aus ihr ertönen wunderschöne Klänge. (Klangschale(n) anspielen) *Die Klänge laden dich ein, näher zu kommen. Mit langsamen Schritten gehst du in die Höhle hinein. Es ist darin hell und warm. In der Höhle ist ein wunderschönes, weiches Bett für dich gerichtet. Die Decken und Polster tragen deine Lieblingsfarben. Du kuschelst dich in dieses angenehm warme Bett und machst es dir darin so richtig gemütlich. Du nimmst weiterhin die zarten, weichen Klänge wahr.* (Klangschale(n) immer weiter anspielen) *Du spürst, wie sich dein Körper immer mehr entspannt. Wie deine Arme und Beine ganz schwer werden. Deine Lieblingsfarben tun dir gut und helfen dir, dich noch ein bisschen mehr zu entspannen . Die Klänge helfen dir ebenso dabei und hüllen dich immer mehr ein, sodass du nun ganz ruhig und gelöst bist. Nachdem du dich in der Höhle gut erholt und entspannt hast, machst du dich wieder zurück auf den Weg. Du steigst aus dem Bett, verlässt die Höhle und gehst wieder den Berg hinunter. Die Klänge begleiten dich dabei noch ein Stück, werden aber langsam immer leiser.* (Klangschale(n) ausklingen lassen) *Du bist unten angekommen.*

Deine Reise ist zu Ende. Nimm wahr, wie du auf der Unterlage liegst. Atme tief ein und kräftig wieder aus. Dann öffnest du deine Augen und bist ganz frisch und erholt.

Die Wolke

Alter: ab 3 Jahren
Material: 1 Triangel; 1 Klangschale; 1 Schlägel; 1 Handtrommel

Suche dir einen Platz, auf dem du dich wohl fühlst. Mache es dir bequem, sodass du für die nächsten Minuten gut liegen (sitzen) kannst. Lass alle Anspannungen los, atme ein und aus, ein und aus.

Stell dir vor, du liegst auf der Wiese und schaust in den Himmel hinauf. Die Sonne scheint zu dir herab. (Triangel) *Am blauen Himmel ziehen vereinzelt Wolken vorüber.* (Klangschale anspielen) *Du blickst ihnen nach. Langsam und leicht ziehen sie am Himmel vorbei. Du horchst genau hin, denn es hört sich so an, als würden die weißen, kuscheligen Wolken wunderschöne Klänge von sich geben. Zart und sanft, ruhig und langsam.* (Klangschale anspielen) *Ab und zu schiebt sich eine Wolke zwischen die Sonne und dich. Es wird etwas dunkler und kühler.* (mit den Fingern auf der Handtrommel wischen) *Bald zieht die Wolke aber wieder weiter. Dann zeigt sich wieder Licht und du spürst die Wärme auf deiner Haut. Du spürst Ruhe und Kraft in dir.* (Triangel) *Eine Wolke zieht deine Aufmerksamkeit auf sich. Du beobachtest sie ganz genau.* (Klangschale) *Die Wolke zeigt sich in verschiedenen Formen. Sie verwandelt sich in eine Blume, ... in ein Tier.* (Klangschale) *Was kannst du noch in ihr entdecken? ... Welche Formen nimmt sie an? ...* (Klangschale für einige Minuten anspielen)

Deine Reise geht nun zu Ende. Du nimmst wahr, wie du auf der Unterlage liegst. Atme tief ein und kräftig wieder aus. Dann öffnest du deine Augen und bist ganz frisch und erholt.

Klangfarben

Alter: ab 3 Jahren
Material: 1 – 3 Klangschale(n); 1 Schlägel

Die Spielleitung spricht:

Suche dir einen Platz, auf dem du dich wohl fühlst. Mache es dir bequem, sodass du für die nächsten Minuten gut liegen (sitzen) kannst. Atme tief ein und wieder aus. Wenn du möchtest, schließt du deine Augen. Deine Reise beginnt. Höre und lausche den Klängen der Klangschale(n). Nimm sie mit deinem ganzen Körper wahr. (Klangschale(n) anspielen) *Sie fliegen ganz leise und sanft zu deinen Ohren. Stell dir vor, jeder Klang hat eine Farbe, einen farbigen Hauch, vielleicht ein Gelb, ein Blau oder Grün. Die Farbe ist vielleicht kräftig oder ganz blass. Sie hilft dir, zur Ruhe zu kommen und dich zu entspannen.* (Klangschalen immer weiter anspielen) *Über deine Ohren dringt die Farbe immer tiefer in deinen Körper ein, dorthin, wo sie sich wohl fühlt und wo sie dir besonders gut tut. Farbige Klänge breiten sich in dir aus, so als würde dich ein Maler von innen her ausmalen. Die Farbe schenkt dir Ruhe und Entspannung. Du fühlst dich wohl und geborgen. Lass dir noch für einige Zeit die Klangfarben schenken und genieße dieses wunderbare Gefühl.* (Klangschalen weiter anspielen) *Jetzt schenkt dir die Klangschale eine Farbe, die dir hilft, wieder wach und frisch zu werden. Sie schenkt dir Energie und Kraft für den Tag. (höchste Klangschale einige Male anspielen) So kommst du mit deiner Aufmerksamkeit wieder zurück in deinen Raum. Spürst deinen Körper. Nimmst ein paar tiefe Atemzüge und reckst und streckst dich, wie eine Raubkatze im Urwald.*

Klangreisen zur Körperwahrnehmung

In den folgenden Reisen wird durch Entspannungsformeln die Aufmerksamkeit auf den Körper oder den Atem gelenkt. Durch die einzelnen, leisen Klänge der Klangschale wird dies in seiner Wirkung intensiviert.

Erdung

Bäume sind mit ihren Wurzeln gut mit der Erde verbunden. Sie vermitteln Stabilität und Ruhe. In dieser Klangreise wollen wir uns vorstellen, selbst ein starker, gesunder, kräftiger Baum zu sein. Besonders in dieser schnelllebigen, oft hektischen Zeit, tut es gut, sich zu erden, die Füße am Boden wahrzunehmen. Wie fühlt es sich an, wenn aus den Fußsohlen Wurzeln in die Erde wachsen?

Alter: ab 4 Jahren
Material: 1 tief klingende Klangschale; 1 hoch klingende Klangschale; 1 Schlägel

Die Spielleitung spricht:

Stelle dich locker hin. Schaukle ein wenig vor und zurück, nach links und nach rechts. Ganz zart, vielleicht ist es von außen gar nicht sichtbar. Pendle dich in deine eigene Mitte ein, sodass du das Gefühl hast, gut und fest auf dem Boden zu stehen.

Nimm ein paar tiefe Atemzüge. Atme ein und aus, ein und aus. Und mit dem nächsten Atemzug atmest du bis zu deinen Fußsohlen hinunter. Bleib mit deiner Aufmerksamkeit bei deinen Fußsohlen. Stell dir vor, aus deinen Fußsohlen wachsen Wurzeln. So als wärst du ein Baum, der auf einer Wiese oder im Wald steht. Gesund, stark und kräftig. Aus dem Stamm wachsen die Wurzeln in die Erde hinein. Sie beginnen sich zu verzweigen und auszubreiten. Sie wachsen immer tiefer und tiefer in die Erde hinein. Vielleicht wachsen sie sogar bis zum Erdmittelpunkt. (Anspielen einer sehr tiefen Klangschale) *Diese Wurzeln geben dir Halt ... und Kraft ... und Stabilität. Du fühlst dich verbunden mit der Erde, auf der du leben und wohnen darfst. Während du gut geerdet hier stehst, nimmst du einen leichten Windhauch wahr. Der Wind wird stärker, dennoch fühlst du dich sicher, denn du bist über deine Wurzeln mit der Erde stark verbunden. Vielleicht schaukelst du ein wenig hin und her. Aber du bleibst dabei ganz in deiner Mitte.*

Wenn du möchtest, kannst du deine Hände – das sind die Äste des Baumes – nach oben strecken, in den Himmel. Von oben kommen über deine Baumkrone die warmen Strahlen der Sonne in deinen Körper. Auch sie geben dir Energie und Kraft. (Anspielen einer hohen Klangschale) *Und somit bist du gut eingebunden zwischen oben und unten. Ganz bei dir selbst.* (tiefe und hohe Klangschale abwechselnd anspielen)

Wenn du im Laufe des Tages oder am Abend einmal das Gefühl haben solltest, dass es dir nicht gut geht oder du aus deiner Mitte kommst, dann denke an deine Wurzeln, die dich mit der Erde verbinden, die dir Halt und Kraft geben.

Mein Körper

Alter: ab 4 Jahren
Material: 1 Klangschale; 1 Schlägel

Die Spielleitung spricht:

Lege oder setze dich ganz bequem hin, sodass du für einige Minuten deinen Körper wahrnehmen und eintauchen kannst in deine inneren Räume.

Gehe mit deiner Aufmerksamkeit zu deinen Füßen und deinen Zehen, nimm sie einfach wahr. Nun krümme deine Zehen ganz fest zusammen, ganz, ganz fest. Noch ein paar Sekunden ... und dann lasse sie los. (Klangschale anspielen) *Entspanne deine Füße, spüre und nimm wahr. Wie nimmst du sie jetzt wahr? Hat sich etwas verändert?*

Gehe mit deiner Aufmerksamkeit zu deinem Gesäß (Po). Spanne es ganz fest an. Für ein paar Sekunden ganz fest anspannen und dann lasse los. (Klangschale anspielen) *Spüre, nimm wahr. Wie nimmst du es jetzt wahr? Hat sich etwas verändert? Dann gehe mit deiner Aufmerksamkeit zu deinem Bauch. Spanne ihn ganz fest an, so lange du kannst. Dann lasse los.* (Klangschale anspielen) *Entspanne deinen Bauch, nimm einfach wahr. Wie nimmst du ihn jetzt wahr? Hat sich etwas verändert? Gehe mit deiner Aufmerksamkeit zu deinen Händen und Fingern. Auch diese spannst du fest an, krümme deine Finger zusammen für ein paar Sekunden. Dann lässt du los.* (Klangschale anspielen) *Entspannst deine Hände und Finger. Wie nimmst du sie jetzt wahr? Hat sich etwas verändert?*

Jetzt gehst du mit deiner Aufmerksamkeit zu deinem Kopf. Schneide lustige Grimassen, kneife deine Augen zusammen, presse deine Lippen zusammen, bring ganz viel Spannung in dein Gesicht. Dann lässt du los. (Klangschale anspielen) *Entspanne dein Gesicht. Wie nimmst du es jetzt wahr? Hat sich etwas verändert? Nun nimm deine Füße, dein Gesäß, deinen Bauch, deine Hände, dein Gesicht, deinen ganzen Körper gleichzeitig wahr. Nimm ihn einfach nur wahr, während du die Klänge der Klangschalen weiterhin genießt und ganz bei dir bist.*

Nimm ein paar tiefe Atemzüge. Spüre deinen Körper, wie er auf der Unterlage aufliegt, recke und strecke dich und wenn du deine Augen öffnest, bist du ausgeruht und erholt und wieder ganz frisch.

Mein Herz

Alter: ab 5 Jahren
Material: 1 – 3 Klangschale(n); 1 Schlägel

Die Spielleitung spricht:

Lege oder setze dich bequem hin. Schließe deine Augen und lausche dem Klang der Klangschalen. (Klangschale(n) anspielen) *Die Klänge laden dich ein, eine innere Reise zu machen. Die Klänge finden wie von selbst über deine Handflächen ihren Weg zu deinem Herzen. Kannst du deinen Herzschlag spüren? Wie fühlt er sich an? Schnell oder langsam, laut oder leise? Lass dein Herz von den Klängen umspielen, es ist gut eingebettet in diesen sanften Rhythmen der Klangschale. Es entspannt sich und ist offen für alles Gute im Leben. Lächle deinem Herzen nun einmal zu. Forme mit deinem Mund ein Lächeln und richte dieses Lächeln zu deinem Herzen. Vielleicht wird es dir dabei ganz warm ums Herz? Vielleicht wird es auch heller und strahlender? Lächelt dein Herz zurück? Dann freu dich darüber!*

Denke einmal an etwas, dass du gerne hast. Das kann eine Freundin oder ein Freund sein, ein Haustier, deine Mama oder dein Papa oder auch ein Kuscheltier. Wie fühlt es sich an, wenn du daran denkst? Kannst du auch mit deinem Herzen daran denken? Schicke demjenigen, an den du denkst, ein Lächeln direkt aus deinem Herzen. Spüre, wie es dort ankommt. Bleib noch ein bisschen liegen oder sitzen und spüre dieses wunderschöne Gefühl in deinem Herzen.

Mein Atem

Alter: ab 5 Jahren
Material: 1 – 3 Klangschale(n); 1 Schlägel

Die Spielleitung spricht:

Lege oder setze dich bequem hin, nimm die Unterlage wahr. Mit welchen Körperteilen berührst du den Boden?

Lege deine Hände auf deinen Bauch. Nimm deinen Atem wahr. Spüre wie du ein- und ausatmest. Beim Einatmen hebt sich dein Bauch. Er wird ganz dick, fast so wie ein Luftballon. Beim Ausatmen wird dein Bauch wieder flach, als würdest du aus dem Luftballon die Luft wieder herauslassen. Du kannst aber nicht nur durch deinen Mund einatmen, sondern auch über deine Fußsohlen. Probiere es einfach einmal aus. Atme über deine Fußsohlen ein. Ziehe den Atem nach oben und atme über deinen Mund wieder aus. Über deine Fußsohlen einatmen und über deinen Mund wieder aus. Während du atmest, finden auch die Klänge der Klangschale wie von selbst über deine Fußsohlen ihren Weg in deinen Körper. Du atmest die Klänge über die Fußsohlen ein und über deinen Mund wieder aus. (Klangschale(n) anspielen) *Du spürst, wie sich dabei dein Körper immer mehr und mehr entspannt und sich jede Zelle deines Körpers vom Klang reinigen und gleichzeitig mit neuer Energie auffüllen lässt.*

Komme mit deiner Aufmerksamkeit wieder zu deinem Bauch. Genieße noch für einige Augenblicke das Gefühl, ganz bei dir zu sein. Dich zu spüren und erfüllt zu sein von Atem und Klang.

Klangschalen-Stundenbilder

Wenn Sie in Ihrer Einrichtung die Klangschale länger begleiten soll, helfen Ihnen die folgenden Stundenbilder als Beispiele, wie Sie drei oder vier klangpädagogische Spiele miteinander kombinieren können. Die Stundenbilder beinhalten zu einem vorgegebenen Thema ein Anfangsritual, eine Einleitung, einen Hauptteil, einen Ausklang sowie ein Abschlussritual.
Stundenbilder sind zeitlich begrenzt und sollten die Kinder in ihrer Aufmerksamkeit nicht überfordern. Deshalb wechseln die Angebote zwischen Entspannung und Spannung. Sie können die Stundenbilder natürlich kreativ mit anderen Methoden wie Yoga für Kinder, Autogenem Training oder Kinesiologie kombinieren oder es können Übungen weggelassen werden, wenn die Aufmerksamkeit der Kinder nachlässt. Es soll den Kindern vor allem Spaß machen, die Welt der Klänge zu entdecken, innere Räume zu erleben und den eigenen Körper bewusst wahrzunehmen.

Aufbau der Stundenbilder

Anfangsritual

Das Anfangsritual sollte sich, wenn möglich, bei jeder Klangstunde wiederholen. Dies vermittelt den Kindern Sicherheit und hilft ihnen, sich besser auf das Kommende einzulassen. Sie wissen: *„Nun beginnt unsere gemeinsame Klangstunde!“* Anfangsrituale können ein Lied, ein Gedicht, ein Spiel oder Körperübungen sein. Wählen Sie dafür Spiele aus diesem Buch, wie z. B. das „Klangtor“ (s. S. 22) oder die „Klangschalen-Waschanlage“ (s. S. 23) oder wählen Sie Spiele aus Ihrem eigenen Repertoire aus. Bei den hier vorgestellten Stundenbildern finden Sie jeweils einen Vorschlag für ein Anfangsritual, diese können natürlich nach Belieben ausgetauscht werden. Das Spiel für das Anfangsritual soll jedoch kurz und einfach sein.

Einleitung

In einem einführenden Gespräch kann den Kindern das Thema dieser Stunde vorgestellt werden. Dies kann sich auf ein jahreszeitliches Thema beziehen oder auf Wissenswertes im Zusammenhang mit dem Thema der Klangstunde. Ein Spiel zum Aufwärmen eignet sich ebenso, um in die Klangstunde einzutauchen. Es kann Bewegung vorkommen oder einige Yoga-Übungen mit den Kindern gemacht werden. Von Vorteil ist es, wenn die Kinder miteinander in Kontakt kommen.

Hauptteil

Im Hauptteil werden die „eigentlichen", achtsamen Klangangebote gemacht. Meist laden sie zum Entspannen und Wahrnehmen ein. Besonders schöne Momente während einer Klangstunde werden erfahren, wenn die Kinder sich völlig den sanften Klängen der Klangschale öffnen. Wenn innere Räume betreten werden, die Wahrnehmung von außen nach innen geht und äußere Reize reduziert werden.

Ob beim Kind tatsächlich die Erfahrung des „sich Öffnens" während einer Klangstunde erlebt wird, können wir im Vorhinein nicht mit Gewissheit sagen. Sie können nur Möglichkeiten dazu anbieten, die jedoch nur Hilfen sind, um Kinder bereit zu machen für dieses Geschenk. Sie können nur sorgfältig vorbereiten, jedoch liegt es nicht in Ihrer Hand, was das jeweilige Kind tatsächlich erfährt. Oft geschieht dieses nach innen Gehen auch, ohne dass wir damit rechnen. Vielleicht beim Anblick eines Neugeborenen, hoch auf den Bergen beim Blick ins Tal oder beim Lauschen auf die Meereswellen an einem sonnigen Tag.

In den Klangstunden wird der Hauptteil in der Regel sehr ruhig gestaltet, in Form einer Klangreise, einer Klangmassage oder Atem-Klang-Übungen. Die Impulse, die von außen kommen, sind sehr einfach. Nehmen Sie sich bewusst zurück, um den Raum zu öffnen. Gehen Sie ins Vertrauen, dass genau dies geschieht, was nun geschehen soll. In den hier vorgeschlagenen Stundenbildern finden Sie meist mehrere Spielvorschläge, Sie können natürlich auch hier je nach Situation und Ausdauer der Kinder Übungen weglassen oder ergänzen.

Ausklang

Was während der Klangstunde erlebt wurde, kann nun zum Ausdruck gebracht werden. Es soll integriert werden und die Kinder begleiten, im „lauten Alltag" zu wirken. Genauso wichtig wie der Übergang von laut nach leise, ist die Rückführung vom Leisen zum Lauten. Das Erlebte soll nachschwingen können, durch einen bewussten Abschluss. In einem Gespräch werden die Kinder angeregt, vom Erlebten zu erzählen. Was hat ihnen gefallen, was war vielleicht nicht so angenehm? Was haben sie während des Klangangebotes erlebt oder was haben sie gespürt? Zuhören und Ausreden lassen sind dabei sehr wichtige Regeln. Natürlich ist die Beteiligung an diesen Gesprächen freiwillig. Auch die stillen Kinder brauchen Möglichkeiten, um sich auszudrücken.

Ebenso ist es möglich, das Erlebte in Form eines Mal-Angebotes nachwirken zu lassen. Es bietet sich auch an, die Kinder etwas mit Ton oder Salzteig Formen zu lassen, ein Mandala auf den Boden zu legen (s. S. 62/63) oder einen gemeinsamen Kreistanz zu tanzen. Somit haben auch Kinder, die sich nicht aktiv an Gesprächen beteiligen möchten, eine Möglichkeit, das Erlebte nachwirken zu lassen und es integrieren zu können.

Wenn Bilder gemalt werden oder etwas mit Ton geformt wird, sollten Sie dies beachten, aber nicht bewerten. Die Bilder werden z. B. achtsam aufgehängt oder an einen bestimmten Platz gelegt. Möchte ein Kind sein Bild wegwerfen, so soll es dies tun, aber wenn, dann als eine bewusste Handlung.

Abschlussritual

Das Spiel für das Abschlussritual soll kurz und einfach sein und ähnelt den Spielen des Anfangsrituals. Dieses kann sich wieder von Stunde zu Stunde wiederholen, vermittelt Sicherheit und hilft den Kindern, die Klangstunde bewusst abzuschließen und sich auf das, was danach kommen mag, einzulassen. Abschlussrituale können z. B. ein Lied, eine Körperübung, ein Spiel sein. Wählen Sie dazu wieder aus diesem Buch oder aus Ihrem eigenen Repertoire aus.

Meine Füße

Unsere Füße tragen uns während unseres Lebens dreimal um die ganze Erde. Wenn wir in gutem Kontakt mit unseren Füßen sind, stehen wir auch fest im Leben. Wir haben guten Kontakt zur Erde und es wirft uns nicht so schnell etwas um. Dafür, dass unsere Füße jeden Tag bedingungslos für uns da sind, schenken wir ihnen oft sehr wenig Aufmerksamkeit. Wir wollen uns im folgenden Stundenbild bewusst mit unseren Füßen beschäftigen. Das tut gut, erdet uns und bringt uns ins Vertrauen. Wir können unseren ganzen Körper dadurch besser wahrnehmen und spüren.

Vorbereitung

Anzahl: max. 8 Kinder
Alter: ab 4 Jahren
Material: Tennis- oder Igelbälle; 1 Mandel- oder Jojobaöl; evtl. 1 ätherisches Öl; 1 Klangschale; pro Kind 1 Klangschale und 1 Schlägel (oder andere zart klingende Instrumente wie Glöckchen, Zimbeln, Klangkugeln oder Klangstäbe) und 1 Sitzpolster; Zeichenblock, DIN A3; Ölkreiden; Decken

In der Mitte liegt ein schönes Tuch, darauf steht die große Klangschale mit einem Schlägel. Die übrigen Materialien liegen griffbereit in Ihrer Nähe. Die Kinder platzieren sich auf ihren Sitzpolstern um das Tuch.

Anfangsritual

Die Spielleitung spricht:

Wenn wir selbst ganz leise werden, können wir die verschiedensten Klänge und Geräusche wahrnehmen. Wir hören das Rauschen der Waschmaschine, das brodelnde Wasser in der Küche, die Schritte am Boden. Was können wir in diesem Zimmer alles hören?

Die Kinder machen es sich bequem. Wenn sie selbst ruhiger werden, können sie verschiedene Klänge wahrnehmen. Welche Geräusche werden im Zimmer wahrgenommen?

Einleitung

Kontaktaufnahme mit den Füßen

Die Spielleitung spricht:

Wir vergewissern uns, wie es unseren Füßen heute geht, betrachten sie, berühren sie, nehmen Kontakt mit ihnen auf. Dazu ziehen wir am besten unsere Socken aus.

Jedes Kind bekommt einen Tennis- oder Igelball und massiert seine Fußsohlen darauf. Dazu stellt es zuerst einen Fuß auf den Ball und bewegt das Bein langsam vor und zurück. Eine angenehme Massage ist spürbar. Danach wird der Fuß gewechselt.

Hauptteil

Verwöhnmassage mit ätherischen Ölen

Die Spielleitung spricht:

Unsere Füße lieben es, massiert zu werden. Dazu nehmen wir etwas Öl, wie Mandel- oder Jojobaöl.

Wohltuend ist es, wenn die Kinder einen Tropfen von einem ätherischen Öl beimengen. Sie massieren ihre Füße mit dem duftenden Öl, kneten sie sanft und nehmen sich ausreichend Zeit, sie zu verwöhnen.

- **Orangenöl:** *ausgleichend, stimmungsaufhellend und kreativitätsfördernd*
- **Zitronenöl:** *erfrischend und konzentrationsfördernd*
- **Lavendelöl:** *beruhigend, entspannend, ausgleichend*

Fußklangmassage

Paarweise richten sich die Kinder je einen gemütlichen Kuschelplatz mit Decken, Polstern und Kuschelkissen und verwöhnen sich gegenseitig mit einer Fußklangmassage. Um die Schwingungen der Klangschale direkt auf dem Körper zu spüren, legen die Kinder sie auf ihre Fußsohlen auf und spielen sie an. Größere Klangschalen haben auf beiden Fußsohlen gleichzeitig Platz, kleinere Klangschalen legen die Kinder zuerst auf den einen, dann auf den anderen Fuß.

Fußklavier

Nach der Entspannung tut es gut, ein lebendigeres Klangspiel zu spielen. Die Kinder setzen sich im Kreis zusammen und strecken ihre Beine aus. Jedes der Kinder erhält ein Klanginstrument. Ein Kind sitzt in der Mitte und tippt mit seinen Füßen abwechselnd die Füße der Mitspieler im Kreis an. Das Kind, welches angetippt wurde, lässt sein Instrument einmal erklingen (Lachen garantiert!).

Ausklang

Füße zeichnen

Die Kinder stellen ihre Füße auf ein Blatt Papier und zeichnen die Umrisse nach. Sie können die aufgemalten Füße auch anmalen. Die Spielleitung fragt:

Welche Farbe haben deine Füße jetzt, nachdem sie so verwöhnt wurden und entspannt sind?

Abschlussritual

Die Kinder bilden einen Kreis. Vor einem Kind steht am Boden die große Klangschale mit einem Schlägel. Das Kind spielt die Schale an, wartet, bis sie verklungen ist und bedankt sich für etwas, das ihm heute in der Klangstunde gefallen hat. Dann gehen alle Kinder einen Schritt nach rechts im Kreis, sodass das nächste Kind vor der Klangschale steht und sich für etwas bedanken kann.

Blumen blühen

Im Frühling erleben wir nach den langen Wintermonaten, wie das Leben langsam wieder erwacht und es auf der Erde rundherum zu blühen beginnt. In diesem Stundenbild erleben die Kinder dieses langsame Erwachen am eigenen Körper nach.

Vorbereitung

Anzahl: max. 8 Kinder
Alter: ab 4 Jahren
Material: 1 schönes Tuch für die Mitte; 1 Klangschale für die Mitte; 1 Schlägel; 1 Klangkugel; 1 Flöte o. Ä.; 1 Triangel; pro Kind 1 Chiffontuch, 1 Klangschale mit Schlägel, 1 Sitzpolster und 1 Blatt Papier; Ölkreiden

In der Mitte liegt das Tuch, darauf eine Klangschale, mit Chiffontüchern gefüllt. Rund um das Tuch liegt für jedes Kind ein Sitzpolster.

Anfangsritual

Die Kinder sitzen im Kreis auf ihren Polstern. Ein Kind hält eine Klangschale in den Händen und spielt diese mit einem Schlägel an. Während die Klangschale klingt, sagt das Kind leise *„Guten Morgen!"* oder *„Hallo!"* in die Runde. Wenn die Klangschale verklungen ist, wird sie an den rechten Nachbarn weitergereicht, der ebenfalls die Kinder im Kreis auf dieselbe Weise begrüßt. Die Klangschale wird nun reihum weitergereicht, bis alle an der Reihe waren.

Einleitung

Die Spielleitung spricht z. B. einige einleitende Worte zum Thema Frühling (Erwachen, Aufwachen, Wachsen, Sonne, ...)

Eine Klangkugel wird nun von Kind zu Kind gerollt. Das Kind, bei dem die Klangkugel landet, sagt ein Wort, das es an den Frühling erinnern lässt, wie z. B. Löwenzahn, Apfelblüten oder Sonnenstrahlen. Steht Ihnen keine Klangkugel zur Verfügung, kann auch ein anderes Klanginstrument, wie z. B. eine Triangel, im Kreis herumgegeben werden. Das Kind, das die Triangel anspielt, sagt ein Wort und gibt das Instrument dann weiter.

Hauptteil

Meine kleine Blume

Jedes Kind nimmt ein Chiffontuch aus der Klangschale in der Mitte des Kreises und knüllt es in seinen Händen so klein zusammen, dass das Tuch nicht mehr sichtbar ist. Die Spielleitung erzählt in eigenen Worten folgende kleine Geschichte und begleitet sie mit den passenden Klanginstrumenten:

Die Samen schlafen noch in der Erde, es ist kalt und still. Die Welt schläft. Die ersten warmen Sonnenstrahlen scheinen vom Himmel herab. Die noch so kleine Blume in deiner Hand streckt ganz zart ihr Köpfchen unter der Erde hervor. (Triangel) *Sie sieht, dass der Frühling bereits leise begonnen hat. Die kleine Blume wächst und wächst und wächst.* (Klangschale anspielen; Die Kinder öffnen langsam ihre Hände, sodass das Chiffontuch herauskommt.) *Der Wind bläst ganz sanft und die Blume bewegt sich im Wind.* (Windgeräusche mit dem Mund)

Ich bin eine Blume

Die Chiffontücher werden wieder in die Klangschale zurückgelegt. Die Kinder erleben sich nun selbst als Blumen, die aus der Erde wachsen. Sie kauern sich dazu ganz klein am Boden zusammen, wachsen dann langsam aus der Erde, in dem sie sich zu strecken beginnen. Ihre Hände, die sich zum Himmel strecken, stellen die Blütenblätter dar. Sie schaukeln im Wind. Begleiten Sie das Spiel mit denselben Klanginstrumenten und Worten wie zuvor.

Eine große gemeinsame Blume

Die Kinder erleben sich nun als eine große, gemeinsame Blume. Die Klangschale in der Mitte des Kreises stellt den Blütenstaub dar, die Kinder rund um die Schale sind die Blütenblätter der Blume. Die Chiffontücher werden aus der großen Klangschale herausgenommen und zur Seite gelegt. Die Kinder sitzen oder liegen um die Schale in der Mitte, ihre Füße berühren sie gerade nicht. Die Schale wird angespielt und über die Fußsohlen wahrgenommen.

Wenn für jedes Kind eine Klangschale zur Verfügung steht, wie folgt fortfahren: Jedes Kind bekommt eine Klangschale und einen Schlägel und platziert diese sitzend auf den Oberschenkeln oder liegend auf dem Bauch. Spielen Sie die Schale in der Mitte an. Wenn diese fast verklungen ist, spielen die Kinder ihre eigene Schale an. Abwechselnd mit den Kindern spielen Sie wieder die Schale in der Mitte an, dann die Kinder ihre Klangschale.

Tipp: Mit jüngeren Kindern bietet es sich an, ein kurzes Bewegungsspiel als Auflockerung zwischendurch zu spielen. Die Kinder verwandeln sich dazu in Schmetterlinge, die auf der Blumenwiese herumfliegen. Jedes Kind nimmt dazu zwei Chiffontücher und fliegt als Schmetterling von Blume zu Blume. Als Blumen dienen die Sitzpolster, begleitet wird mit einer Flöte oder einem anderen Melodieinstrument, rhythmisch und lebendig gespielt.

Ausklang

Die Kinder bekommen eine Zeichenblatt und Ölkreiden zur Verfügung gestellt. Sie können darauf ihre Lieblingsblumen zeichnen, oder eben das, was ihnen jetzt in den Sinn kommt. Die Blätter werden im Gruppenraum aufgehängt oder mit nach Hause genommen.

Abschlussritual

Ein Kind hält eine Klangschale in seinen Händen, spielt sie an und verabschiedet sich von einem anderen Kind im Kreis: *„Tschüss Erwin!“*. Alle warten, bis die Klangschale verklingt. Dann bringt das Kind die Schale zu Erwin. Erwin verabschiedet sich als nächstes von Hannah. Das Spiel geht weiter, bis alle Kinder an der Reihe waren.

Atem und Klang

Vorbereitung

Anzahl: max. 8 Kinder
Alter: ab 4 Jahren
Material: 1 – 3 Klangschalen; 1 rundes Tuch, ø mind. 1 m; pro Kind 1 Sitzpolster; verschiedene Materialien für ein Mandala, wie verschiedenfarbiger Sand, Steine, Muscheln oder kleine Hölzchen; weitere Klanginstrumente wie Glöckchen, Schellen oder Triangeln

Legen Sie in die Mitte ein großes Tuch. Um das Tuch für jedes Kind ein Sitzpolster legen.

Anfangsritual

Die Kinder stehen im Kreis und stampfen fest auf den Boden. Währenddessen rufen sie laut folgende Worte (mehrmals wiederholen, bis „alle da sind"):

Ich bin da, trallala, von Kopf bis zu den Füßen bin ich da!

Einleitung

Machen Sie die Kinder auf ihren Atem aufmerksam. Lassen Sie sie dazu schnell im Raum laufen. Auf ein Signal kommen die Kinder wieder in den Kreis. Wie schnell geht der Atem? Wie nehmen die Kinder das Ein- und Ausatmen wahr?

Die Spielleitung spricht:

Wir möchten heute unsere Klangeinheit ganz bewusst zum Thema „Atem" gestalten. Dazu habe ich euch einige wunderbare Klang-Atem-Spiele mitgebracht.

Hauptteil

Der Klang der Klangschale führt uns in die Stille

Spielen Sie die Klangschale an. Die Kinder lauschen in die Stille hinein. Nun hören sie nur noch ihren eigenen Atem. Die Kinder können dabei ihre Hände auf ihren Bauch legen.

Wo spürst du den Atem? Wo hebt und senkt sich dein Körper, wenn du ganz ruhig bist?

Partnerübung

Jeweils zwei Kinder nehmen sich gemeinsam Zeit, ihrem Atem zu lauschen. Dazu legt sich ein Kind auf den Boden, das andere legt sein Ohr auf die Brust des liegenden Kindes. Wie hört es sich an, wenn das Kind leise oder laut, schnell oder langsam atmet? Dann wird gewechselt.

Tönen

Welcher Ton möchte aus dir heraus?

Die Kinder lassen ihren Atem strömen, bis er sich zu einem hörbaren Ton verwandelt. Ein Konzert aus verschiedenen Tönen! Es gibt kein richtig oder falsch, nur viele verschiedene Töne, die zu einem großen Ganzen werden. Die Klangschalen können das Konzert untermalen.

Ausklang

Klangmandala

Die Materialien für das Mandala werden um das Tuch in der Mitte des Kreises gestellt. Jedes Kind nimmt sich eine Klangschale oder ein ähnliches Klanginstrument. Die Kinder sitzen im Kreis rund um das Tuch und spielen auf ihren Instrumenten. Abwechselnd geht ein Kind nach dem anderen in die Mitte und gestaltet mit den Materialien ein Mandala.

Abschlussritual

Klangabschied

Jedes Kind nimmt sich eine Klangschale oder ein Klanginstrument (Schelle, Triangel, Glöckchen…). Die Kinder bewegen sich im Raum. Trifft ein Kind auf ein anderes, verabschieden sich die beiden mit dem eigenen Instrument. Ganz ohne Sprache. Das geht so lange, bis sich alle „klang-verabschiedet" haben.

Varianten mit Sprache

- *Tschüss!*
- *Auf Wiedersehen!*
- *Wie geht es dir?*

Die wundersame Verwandlung

Aus einem winzigen Ei wird die Raupe, die sich verpuppt, bis schließlich aus dem abgestorbenen Kokon der Falter schlüpft – die wunderbare Verwandlung eines Schmetterlings. Viele Kinder haben die Verwandlung von der Raupe zum Schmetterling in der einen oder anderen Form schon einmal erzählt bekommen oder auf Bildern gesehen. Immer wieder wird dies als sehr spannend empfunden. Kinder nehmen vor allem auf unbewusster Ebene wahr, wie auch wir Menschen im Universum eingebettet sind und wir darin nicht verlorengehen können, auch wenn wir unsere äußere Erscheinungsform verändern. Die Kinder erleben in dieser Einheit diese Verwandlung an sich selbst nach. Vor allem das Ruhen im Kokon wird mit Hilfe der Klänge sehr bewusst erlebt. Das anschließende „Herausschlüpfen" aus dem geborgenen, warmen Kokon fühlt sich großartig an.

Vorbereitung

Anzahl: maximal 6 Kinder
Alter: ab 4 Jahren
Material: pro Kind 1 Klangschale, 1 Decke und 2 Chiffontücher; 1 Schlägel; 1 Trommel; 1 Xylophon (oder ein ähnliches Instrument); Zeichenpapier; Ölkreiden

Legen Sie für jedes Kind eine Decke im Raum bereit. Die anderen Materialien stehen griffbereit in der Nähe.

Anfangsritual

Die Klangstunde beginnt

Spielen Sie die Klangschale mit einem Reibholz am oberen Rand der Klangschale an (nicht anreiben). Das Signal dient als Zeichen, dass wir uns jetzt auf die Klangstunde einstimmen. Wir wollen ganz leise sein und für ungefähr eine Minute kein Wörtchen reden. Das Einstimmen wird wieder mit dem Signal der Klangschale beendet.

Einleitung

Der Schmetterling

Erzählen Sie anhand von Bildern oder einer Schmetterlings-Handpuppe über die wundersame Verwandlung der Raupe zum Schmetterling. Erklären Sie den Kindern, dass Sie heute mit ihnen diese Verwandlung nachspielen möchten.

Hauptteil

Jedes Kind macht es sich auf einer Decke bequem. Es rollt sich ganz klein auf ihr zusammen und stellt so das Ei dar. Die Kinder lauschen zusammengekuschelt den Worten der Spielleitung und den begleitenden Klängen:

Du bist eine kleine Raupe und befindest dich noch in einem kleinen Ei. (Xylophon) *Du möchtest aus dem Ei herauskriechen und die Welt entdecken. So knackst du die Eierschale auf und krabbelst aus dem Ei heraus.* (Mit den Fingernägeln auf der Trommel klappern.) *Die Raupen krabbeln auf der Wiese herum und suchen nach Futter.* (Die Kinder kriechen im Raum herum; Xylophon) *Manchmal sind die Raupen müde vom Herumkriechen und ruhen sich dann aus.* (Die Kinder können zu Ihnen kriechen und ein kleines „Nickerchen" machen. Dabei werden sie von Ihnen sanft gestreichelt und massiert.) *Die Raupen sind gewachsen und fett geworden. Sie hüllen sich in ihren Kokon und sind darin ruhig und geduldig. Sie warten auf ihre Verwandlung. Das braucht Zeit.* (Jedes Kind wird in seine Decke gewickelt. Im Kokon wartet nun die Raupe auf ihre Verwandlung. Währenddessen ist sie ganz ruhig und entspannt. Sie bewegt sich nicht. Legen Sie auf jeden Kokon eine Klangschale und spielen Sie die Schalen auf den Kindern abwechselnd ruhig und gleichmäßig an [Dauer je nach Bedürfnis der Kinder]). *Nun ist es soweit. Die Verwandlung ist geschehen und aus dem Kokon schlüpft ein wunderschöner Schmetterling!* (Wickeln Sie die Kinder aus der Decke heraus und geben Sie Ihnen zwei Chiffontücher. Zu den Klängen des Xylophons fliegen die „Schmetterlinge" im Raum herum.)

Ein wunderschönes Bild! Wer hätte das gedacht, aus den Raupen sind prächtige Schmetterlinge geworden!

Ausklang

Schmetterlingstanz

Zu fröhlicher Musik tanzen die Kinder einen einfachen Schmetterlingstanz. Sie „fliegen" dazu mit ihren Chiffontüchern frei im Raum herum.

Variante

Die Kinder erhalten ein Zeichenblatt und Ölkreiden. Sie können darauf ihre Schmetterlinge zeichnen, oder eben das, was ihnen in den Sinn kommt. Die Blätter werden im Gruppenraum aufgehängt oder mit nach Hause genommen.

Abschlussritual

Besonders gut hat mir gefallen ...

Die Kinder kommen im Kreis zusammen. Vor jedem Kind steht eine Klangschale oder ein ähnlich klingendes Instrument (Glöckchen, Schelle). Ein Kind spielt sein Instrument und sagt, was ihm heute an der Klangstunde besonders gut gefallen hat. So können unterschiedlichste Mitteilungen gemacht werden.

- *Wie fühle ich mich jetzt?*
- *Welchen Körperteil spüre ich jetzt besonders gut?*
- *Wofür möchte ich mich bedanken?*
- *Welches Spiel hat mir am besten gefallen?*
- *Was möchte ich das nächste Mal unbedingt wieder erleben/spielen?*

Zarte Klänge

Diese Einheit bietet sich vorwiegend im Advent an. Die zarten Klänge in Verbindung mit sanften Lichtern laden ein, besinnlich und ruhig zu werden.

Vorbereitung

Anzahl: max. 8 Kinder
Alter: ab 4 Jahren
Material: pro Kind 1 Klangschale und 1 Schlägel (oder andere zart klingende Instrumente wie Glöckchen, Zimbeln oder Klangstäbe), 1 Glas mit Teelicht, 1 Sitzpolster sowie 1 Taschenlampe und 1 Chiffontuch; Decken oder Matten

In der Mitte liegen ein schönes Tuch, darauf die Klangschalen und die Schlägel oder Glöckchen, Zimbeln und Klangstäbe. Die Gläser mit den brennenden Kerzen werden um das Tuch aufgestellt. Ein Sitzpolster für jedes Kind wird um die Kreismitte gelegt.

Anfangsritual

Ankommen

Öffnen Sie für ungefähr eine Minute das Fenster im Raum und laden Sie die Kinder ein, ganz bewusst auf Geräusche, die von draußen kommen, zu horchen.

Einleitung

Die Natur

Heute wollen wir mit sehr zart klingenden Klängen experimentieren. Im Winter wird die Natur um uns auch etwas leiser. Vögel hören wir nur vereinzelt zwitschern, viele Tiere halten Winterschlaf und das Wasser im Bach gefriert, sodass wir sein Plätschern kaum hören können. Auch die Klangschalen und anderen Instrumente wollen wir heute von der sehr leisen und sanften Seite erleben. Vielleicht entdecken wir ja auch in uns etwas Leises und Zartes?

Klänge erklingen

Ich bin ganz leise und sehr still, weil ich den Klang jetzt hören will. (Jedes Mal, nachdem der Text gemeinsam gesprochen wird, lässt ein Kind seine Klangschale oder sein zartes Instrument sanft erklingen.)

Hauptteil

Kerzenklänge

Die Gläser mit den brennenden Kerzen darin werden im Raum auf dem Boden verteilt. Zu jedem Licht wird ein Instrument gelegt. So lässt es sich sehr entspannt und ruhig durch den Raum spazieren. Zu sanfter Flötenmusik oder leisem Summen spaziert jedes Kind von Kerze zu Kerze und spielt einmal das dort liegende Klanginstrument an.

Zarte Klänge in mir (Klangreise)

Die Instrumente wieder auf dem Tuch in der Mitte zusammenstellen. Die Kerzen um das Tuch in der Mitte stellen. Jedes Kind macht es sich auf einer Decke bequem. Die Spielleitung spricht:

Du liegst entspannt auf deiner Decke. Dein Körper entspannt sich immer mehr. Tiefer und tiefer sinkst du in deine Decke ein. Du atmest ruhig ein und aus. Lausche den zarten leisen Klängen. (Die Klangschalen ruhig und gleichmäßig anspielen)

Stell dir vor, die Klänge der Klangschalen finden wie von selbst ihren Weg über deine Fußsohlen in deinen Körper. Sie wandern über deine Beine, zu deinem Becken in deinen Bauch. Es wird dort ganz hell, spürst du es? Sie fließen weiter zu deinem Oberkörper. Es wird auch dort ganz hell und warm. Und weiter fließen die zarten Klänge. Du spürst sie in deinen Schultern und in den Armen. Sie fließen bis in die Hände und Fingerspitzen. Und weiter fließen die Klänge zu deinem Hals und Kopf, auch da wird es ganz hell und warm. Du beginnst zu schwingen, als wärst du selbst eine Klangschale. Wie ein leuchtender Stern am Himmel. Welche Farbe hast du nun? Genieße dieses Schwingen und diese Wärme noch ein wenig. (Klangschalen ausklingen lassen)

Nun atmest du tief ein und kräftig wieder aus. Du bewegst deine Füße und Hände, reckst und streckst dich ein wenig und bist wieder hellwach.

Ausklang

Farbsterne

Die Kinder tanzen einen Farbsternentanz zu den Klängen der Klangschalen. Jedes Kind erhält eine Taschenlampe und ein Chiffontuch. Das Tuch wird von unten mit der Taschenlampe angeleuchtet. Die Kinder bewegen sich mit ihren Lichtern frei im Raum zu den Klängen der Klangschalen. Die Farbsterne beginnen zu tanzen und zaubern wunderschöne bunte Lichter in den Raum.

Abschlussritual

Alle singen gemeinsam das untenstehende Abschlusslied (nach der Melodie „Ein Vogel wollte Hochzeit feiern").

Die Klangstund' ist für heute aus
drum hörn wir jetzt zu spielen auf.
Fidirallala, fidirallala, Fidirallalala.
Drum klatschen (stampfen, winken) wir,
wenn wir jetzt gehn
und freun uns auf ein Wiedersehn.
Fidirallala, fidirallala, Fidirallalala.

Anhang

Register

Über die Autorin

TANJA DRAXLER ist systemische Beraterin, Trainerin und Autorin. Sie steht für eine moderne Form eines achtsamen Lebensstils, der im Einklang mit dem eigenen Rhythmus gelebt wird. Sie ist Geschäftsführerin des neuewege – Klangzentrums Österreich und leitet das Institut für Klang- und Entspannungspädagogik. Die von ihr entwickelte Integrative Klangpädagogik ist mittlerweile über die Grenzen Europas hinaus bekannt. Sie gibt ihr Wissen in zahlreichen Ausbildungen und Online-Schulungen weiter.

Sie lebt mit ihrem Mann und ihren drei Kindern in der Nähe von Graz.

Mehr unter www.tanjadraxler.com

Weiterführende Literatur

HEIMSOETH, A.: Mein Kind kann's: Mentaltraining für Schule, Sport und Freizeit. Stuttgart (pietsch) 2013.

HESS, P.; ZURECK, P.: Klangschalen mit allen Sinnen spielen und lernen. München (Kösel) 2008.

JENSEN, J.: ▸ Hellwach und ganz bei sich. Achtsamkeit und Empathie in der Schule. Weinheim und Basel (Beltz) 2014.
▸ Miteinander. Wie Empathie Kinder stark macht. Weinheim und Basel (Beltz) 2014.

KREUSCH-JACOB, D.: Mit Liedern in die Stille. Meditieren und Gestalten mit Kindern. Düsseldorf (Patmos-Verlag) 1996
▸ Krabbelmaus und Zappelzwerg. Frühe Förderung mit Liedern und Bewegungsspielen. Düsseldorf (FISCHER Sauerländer) 2009;
▸ Zauberwelt der Klänge. Klangmeditationen mit Naturton-Instrumenten. München (Kösel) 2002.

LÖTSCHER-GUGLER, H.: Lernen mit Zauberkraft – NLP für Kinder. Düsseldorf (Patmos-Verlag) 2011.

MASCHWITZ, G. UND R.: Stille-Übungen mit Kindern. Ein Praxisbuch. München (Kösel) 1996.

PLATE, F.; LINDNER, D.: Praxisbuch Klangmassage. Schönau (Traumzeit-Verlag) 2004.

SALBERT, U.: Ganzheitliche Entspannungstechniken für Kinder. Münster (Ökotopia) 2006.

SEYFFERT, S.: Das Massage-Geschichten Buch. Münster (Ökotopia) 2014

BILDNACHWEISE

Claudia Hohloch

ENTSPANNUNGSSPASS FÜR KINDER

Bewegungsorientierte Entspannung mit Elementen aus Yoga und Kinesiologie

ISBN 978-3-86702-398-6
(Ordner)

Immer größer werdender Bewegungsmangel und zunehmender Zeitdruck führen zu Unruhe und Unkonzentriertheit – mit direkten Auswirkungen auf den Alltag in Kinderbetreuung und Familie. Dieser Praxisordner liefert das passende Material zur bewegungsorientierten Entspannung. Durch vollständige und direkt einsetzbare Stundenbilder sind die Bewegungsabläufe für jeden leicht anzuleiten und umzusetzen. 64 Yoga- und Kinesiologiekarten vertiefen zusätzlich bereits gelernte Übungen. Zahlreiche Kopiervorlagen und Anleitungen runden das Angebot ab. So finden die Kinder zur inneren Ruhe und Ausgeglichenheit – und das mit viel Spaß und Freude am gemeinsamen Bewegen und Entspannen.